守正创新 担当有为

浦东城管创新突破之探索与实践

上海市浦东新区城市管理综合行政执法局 编著

序

守正创新　担当有为

——浦东城管的核心价值和行为准则

编者按：

　　浦东城管是浦东开发开放的经历者、参与者，见证了浦东开发开放30多年的非凡历程。浦东城管人秉承"敢跟全球顶级水平对话的志气，强烈渴望建功立业的心气，艰苦奋斗忘我工作的朝气"的浦东精神，自1997年浦东设立街道监察队以来，历经风雨、艰苦奋斗，改革探索、创新实践，始终走在了综合行政执法的前列。

　　今天，浦东正在全力打造社会主义现代化建设引领区，进入浦东改革发展的新阶段。面对新形势、新任务，浦东城管也在不断思考需要怎样的价值观念和核心精神，以激发浦东城管人完成更大的使命和更重的任务。2023年，经全系统上下讨论交流，大家凝聚了共识：新的时期，浦东城管人需要的核心精神是——守正创新，担当有为！

　　两年来，浦东城管人通过自己的实际行动，进一步阐释了浦东城管精神。为增强浦东城管的凝聚力、创新力、竞争力，张立新局长对浦东城管精神作出了进一步解读。

　　一个组织的发展必须要有组织的文化。组织文化的内容很广，包括组织的愿景、价值观念、组织精神、道德规范、行为规则、组织制度、文化环境、组织氛围，等等。其中，价值观念、内在精神是组织文化的核心。当前，浦东城管人凝聚共识,形成的"守正创新,担当有为"浦东城管精神,就是浦东城管文化的核心。

"**守正**",是执法者的厚重底色。执法者首先是法的守护者,首要的是身正、公正。守正就是要守正道、守正理、守正规、守正义。

守正道,是要执法为民。一切权力来自人民,执法权力也由人民赋予。我们必须坚持权为民所用,坚决防止以权谋私;要依法履职、严格执法,保障人民城市运行的安全和有序。

守正理,是要执法公正。公正是法治的生命线,是执法的价值遵循。我们必须坚持依法行政,做到公正执法。

守正规,是要执法规范。执法公正不仅仅是实体的公正,更要有程序的公正。我们必须坚持执法程序规范,做到文明执法。

守正义,是要执法人性化。执法既要遵守法律,也要遵循良知。我们必须坚持执法中的价值判断,在执法中弥补一些法律自身的不足,在执法中体现对弱者的尊重……

"**创新**",是浦东城管的绚丽亮色。浦东因改革而生、因改革而兴;改革创新是浦东城管人的内在基因。创新就是要创新执法理念、创新执法方式、创新执法方法、创新执法体制。

创新执法理念,是要勇于尝试执法新思路,敢于打破思维定式,谋求新的境界。取消案件数考核指标、实现案件"应立尽立",就是我们打破思维定式的大胆尝试。

创新执法方式,是要勇于尝试执法新模式,敢于突破传统执法方式,提升执法效率和效能。实现城管领域的全流程非现场执法、构建智能化监管模式,就是我们创新执法方式的最佳明证。

创新执法方法,是要勇于尝试执法新路径,敢于冲破固有的路径依赖,提高执法的科学化和精细化。开展分类分级执法检查、实现"综合查一次",就是我们创新执法方法的生动实践。

创新执法体制,是要勇于尝试执法新机制,敢于突破现有模式的藩篱,充分发挥综合执法体制的优势。有效整合执法支大队功能、合理构建执法中队双管模式,就是我们创新执法体制的积极探索。

"**担当**",是城管人的英雄本色。城管为治理城市管理顽疾应运而生,不畏艰难是城管人的基本素质。担当就是要有无所畏惧的勇气、攻坚克难的底气和主动作为的大气。

无所畏惧的勇气,是在面对急难险阻甚至重大任务时,敢于挺身而出,舍我其谁。我们在疫情防控期间表现出的气魄和胆识,就是浦东城管人的担当。

攻坚克难的底气,是在面临困难工作任务时,不逃避、不退缩,勇于接受挑战、战胜困难。我们在出色完成区委、区政府交给的"五违四必"整治任务时表现出的气势和劲头,就是浦东城管人的担当。

主动作为的大气,是在面对需要协作和配合时,不推脱、不扯皮,积极主动、跨前一步。我们在落实浦东小区综合治理法规、构建小区综合监管机制时表现出的气度和作为,就是浦东城管人的担当。

"有为",是浦东城管人的实干成色。就是要立足岗位干成事,正确做事,做正确的事,把正确的事做成做好。

正确做事,是要爱岗敬业、勤勉务实、扎实认真;不敷衍塞责,不投机取巧,不弄虚作假。譬如,开展分类分级执法检查,就按规范检查到位;实施案件办理,就按程序一办到底。

做正确的事,是要坚持价值导向和目标导向。城管执法既要掌握执法的力度,也要把握执法的尺度,还要体现执法的温度。城管执法绝不是为了单纯考核案件数,下达案件指标,而是要真正解决群众反映的问题,把解决问题作为目的。

把正确的事做成做好,是要坚持效果导向,坚持追求卓越。浦东城管执法要注重执法的实效,把实际效果作为衡量工作的标准,提升城市运行的安全与秩序,提高生态环境和居住环境的质量。浦东城管人更要有实干争先、勇创一流的胆量和气魄,勇于定标准、当标杆、做引领。牢记"有为才有位,有位更有为",创新特色与亮点,创造价值与成就,是时代赋予我们浦东城管人的使命。

"守正创新,担当有为",不是一个口号,是我们浦东城管人的价值导向、行动准则和行为指引。让我们共同守护浦东城管精神,共同践行浦东城管精神!

是以为序。

前 言

本书聚焦浦东城管的综合执法实践,对浦东城管执法局近年来先行先试的部分工作进行了重点介绍,为读者深入理解城市管理的创新变革提供了翔实的样本,以期对城市管理理论与实践的发展提供有价值的参考。

以"管执分离,综合执法"为核心理念的浦东城管综合执法体制改革,其目标是为了打破传统管理模式的桎梏,以求高效解决社会高速发展背景下衍生而来的城市管理新难点、新问题。其中,通过持续扩大执法事权,整合多个领域的执法事项,浦东城管构建起了一个全面且精细的执法体系,实现了对城市管理各个层面的有效覆盖。这一改革不仅优化了执法资源的配置,强化了权力的制约与监督,确保了执法的公正性和权威性,更显著提高了行政效能和执法效率,为城市管理的现代化转型提供了有力支撑。

执法方式的创新是城市管理适应时代发展需求的必然结果。浦东城管首创的全流程非现场执法模式,是对传统执法方式的一次重大突破。借助现代信息技术,如电子技术监控设备、行政相对人信息数据库和数据中台等,浦东城管实现了对违法事实收集、证据固定、处罚告知等执法环节的全流程非现场操作。这一执法方式的创新,不仅极大地提高了执法效率,减少了执法冲突,还为当事人提供了更加便捷的处理途径。同时,相关法规的出台,也为非现场执法提供了坚实的法律保障,确保了执法的合法性、规范性和透明度。不可否认,这一创新模式的成功实践,为我国城市管理执法方式的变革提供了宝贵的经验,有效推动了城市管理向更加智能化、高效化的方向发展。

分类分级监管与"综合查一次"的实施,是浦东城管力争提升执法精准度和优化营商环境的又一重要创新举措。通过对执法对象进行科学的分类分级,依据风险程度实施差异化的执法检查,浦东城管实现了对执法资源的合理配置,提高了执法的针对性和有效性。而"综合查一次"模式则整合了多个执法领域的检查事项，由一个执法主体对同一监管对象进行综合检查，避免了多头执法和重复检查对市场主体的干扰，极大地优化了营商环境。浦东城管这种创新的执法模式，不仅提高了执法效率，还促进了政府与市场主体之间的良性互动，为城市经济的健康发展创造了有利条件。

住宅小区作为城市的基本单元，其治理水平直接关系到居民的生活质量。浦东城管推出住宅小区综合监管"浦东方案"，以"城管进社区"为切入点，构建了协同治理的新平台。通过明确各方职责、创新管理模式、加强数字化监管等一系列措施，浦东城管有效地提升了住宅小区的治理效能，为居民创造了更加和谐、有序的居住环境。

数字化转型是当今城市治理的重要趋势，浦东城管在此方面进行了积极、持续且富有成效的探索。通过建立"1+2+3+N"的应用体系，浦东城管实现了从城市管理"智能化"到城市管理"数字化"的完美蜕变。统一的数据底座为城市管理提供了坚实的数据支撑，指挥调度和AI中台提升了决策的科学性和指挥的高效性，数字化智能监管、信息化勤务应用、科学化办公管理系统以及多个应用场景的建设，实现了城市管理各个环节的数字化升级。这不仅提高了城市管理的精细化程度，还提升了对城市管理问题的预测和处置能力。

执法理念与考核机制的转变，亦是近年浦东城管改革的重要内容。传统的案件数指标考核模式，容易导致执法人员片面追求案件数量，忽视执法的质量和社会效果，甚至可能引发执法不公等问题。针对这一弊病，浦东城管取消案件数指标，构建执法实效评估体系，将执法理念从单纯的执法过程导向向注重执法实际效果导向进行转变。通过强调执法的社会效果，强调综合考量多种因素进行执法决策，以及激发执法人员的主动性和责任感，浦东城管得以在执法过程中更加注重维护社会公平正义，促进社会和谐发展。同时，通过构建科学合理的诉件处置体系，建立严格的核查机制，浦东城管确保了执法的规范化和科学化，有效提升了城市管理的整体水平。

在人才培养与队伍建设方面，浦东城管成立了城管学校，这一举措可以说极具前瞻性。城管学校通过编写专业教材、开发实用课程、培养优秀教员，构建了科学完善的课程体系和教研体系，为执法人员提供了系统、全面的培训。同时，在学员管理和配套管理上的创新，也确保了培训的质量和效果。这一系列措施有助于打造一支高素质、专业化的城管执法队伍，为城市管理工作的高效开展提供坚实的人才保障。

浦东城管基层队伍"双管"体制的实施,是对城市管理基层队伍管理模式的创新尝试,通过区执法局和属地街镇的共同管理,实现了条块结合的优势互补。这一体制在提升社会治理效能、促进干部培养与人才发展、强化执法队伍作风建设等方面,都发挥了积极作用。

随着浦东城管创新实践的不断深入,我们希望在加速浦东新区城市管理体系和治理能力现代化建设的同时,为浦东的可持续发展和居民的幸福生活做出更大的贡献。

二、住宅小区装修全生命周期管理 …………………………………… 074
　　三、思考与启示 …………………………………………………………… 077

第五章　浦东城管数字化转型 ……………………………………………… 111
　　一、数字化浪潮中的转型抉择 …………………………………………… 113
　　二、建立浦东城管数字化转型的应用体系 …………………………… 114
　　三、数字化转型实战应用及效果 ………………………………………… 118
　　四、思考与启示 …………………………………………………………… 124

第六章　全面取消执法案件数指标 ………………………………………… 139
　　一、转变执法理念：办案数量≠执法成效 …………………………… 141
　　二、着力执法规范：丰富"应立尽立"之内涵 ……………………… 143
　　三、提升执法实效：以解决实际问题为抓手 ………………………… 146
　　四、思考与启示 …………………………………………………………… 148

第七章　浦东城管学校 ……………………………………………………… 155
　　一、浦东城管学校的两大体系建设 ……………………………………… 157
　　二、把握三大关键：教材、课程、教员 ……………………………… 159
　　三、对象管理和数字化保障 …………………………………………… 163
　　四、思考与启示 …………………………………………………………… 165

第八章　浦东城管基层执法队伍的双重管理机制 ……………………… 169
　　一、浦东城管"双管"机制的架构与内涵 …………………………… 171
　　二、"双管"机制主要成效 …………………………………………… 177
　　三、思考与启示 …………………………………………………………… 180

后记 ……………………………………………………………………………… 188

第一章

浦东城管综合执法
体制的改革之路

为顺应国家体制改革的战略部署,进一步破解执法体制障碍,近年来,浦东新区城市管理综合行政执法局与浦东开发开放同频共振,在结合超大城市社会治理实际工作的基础上,立足浦东综合改革试点需求,全面深化综合执法体制改革,用实践"回应"了政府治理能力建设和职能转变的必然趋势,构建着城市管理综合执法新格局。

一、管执分离,综合执法

2024年7月,在新一轮国家机构改革之时,上海市浦东新区城市管理行政执法局更名为上海市浦东新区城市管理综合行政执法局。此次更名,虽仅仅增加了"综合"二字,但意义重大,既是对浦东城市管理综合执法体制模式的充分肯定,也指明了浦东综合行政执法体制深化改革的方向。

上海市人民政府始终把浦东城管领域的综合执法体制改革作为深化浦东综合配套改革的重要组成部分,持续推进,不断完善。

2006年7月,上海市人民政府发布《关于扩大浦东新区城市管理领域相对集中行政处罚权范围的决定》(沪府发〔2006〕18号)(以下简称2006年《决定》),扩大了浦东新区城市管理领域相对集中行政处罚权的范围,涉及十六个领域700多项事项(其时,上海其他区城管领域相对集中处罚事项仅为200多项)。

2016年1月,上海市人民政府再次发布《关于扩大浦东新区城市管理领域相对集中行政处罚权范围的决定》(沪府发〔2016〕6号)(以下简称2016年《决定》),进一步扩大了浦东新区城市管理领域相对集中行政处罚权的范围,明确浦东新区城市管理领域相对集中行政处罚权的范围是:

(1) 依据市容环境卫生管理方面法律、法规和规章的规定,对违反市容环境卫生管理的违法行为行使行政处罚权。

(2) 依据市政工程管理方面法律、法规和规章的规定,对违反城市道路、公路、桥梁及其附属设施管理的违法行为行使行政处罚权。

(3) 依据绿化管理方面法律、法规和规章的规定,对除绿化建设外的违反绿化管理的违法行为行使行政处罚权。

(4) 依据水务管理方面法律、法规和规章的规定,对除水务工程安全质量监督外的违反水务管理的违法行为行使行政处罚权。

（5）依据环境保护管理方面法律、法规和规章的规定，对除放射性污染防治管理外的违反环境保护管理的违法行为行使行政处罚权。

（6）依据工商管理方面法律、法规和规章的规定，对占用道路无照经营或者非法散发、张贴印刷品广告的违法行为行使行政处罚权。

（7）依据建设管理方面法律、法规和规章的规定，对违反建设工程文明施工管理，损坏、擅自占用无障碍设施或者改变无障碍设施用途，违反燃气管理的违法行为行使行政处罚权。

（8）依据物业管理方面法律、法规和规章的规定，对在物业管理区域内违法搭建建筑物、构筑物，破坏房屋外貌，损坏房屋承重结构，擅自改建、占用物业共用部分，损坏或者擅自占用、移装共用设施设备，擅自改变物业使用性质，物业服务企业对业主、使用人的违法行为未予以劝阻、制止或者未在规定时间内报告有关行政管理部门的违法行为行使行政处罚权。

（9）依据城乡规划管理方面法律、法规和规章的规定，对违反城乡规划管理的违法行为行使行政处罚权。

（10）依据城市交通管理方面法律、法规和规章的规定，对违反公共汽车和电车客运、出租汽车客运、道路运输管理的违法行为行使行政处罚权。

（11）依据林业管理方面法律、法规和规章的规定，对违反防护林、经济林、特种用途林管理的违法行为行使行政处罚权。

（12）依据食品药品管理方面法律、法规和规章的规定，对占路无证照摊点经营的违法行为行使行政处罚权。

（13）依据文化市场管理方面法律、法规和规章的规定，对占路无证照摊点经营的违法行为行使行政处罚权。

（14）依据居住房屋租赁管理方面法律、法规和规章的规定，对违反最小出租单位、居住人数限制和最低承租面积规定的违法行为行使行政处罚权。

（15）依据地下空间安全管理方面法律、法规和规章的规定，对违反地下空间安全管理的违法行为使行政处罚权。

（16）依据石油天然气管道保护方面法律、法规和规章的规定，对违反石油天然气管道保护管理的违法行为行使行政处罚权。

（17）依据土地管理方面法律、法规和规章的规定，对违反土地管理的违法行为行使行政处罚权。

（18）依据空调设备安装使用管理方面法律、法规和规章的规定，对违反空调设备安装使用管理的违法行为行使行政处罚权。

（19）本市地方性法规和政府规章规定的其他行政处罚权。

2016年《决定》明确了浦东新区城市管理领域相对集中行政处罚权的范围，涉及十九大类领域1 430项事项（其时，上海其他区城管领域相对集中处罚事项为428项）。这次相对集中处罚权的最大特点，就是将环保、水务、陆上交通运输、规划建设和土地、燃气和石油天然气管道等领域的全部执法事项从区生态环境局（水务局）、建设交通委、规划资源局、发改委等管理部门划转至区城管综合执法局。同时，环保执法支队、水务执法大队、交通执法大队、规土执法大队等执法队伍，也从相应的管理部门整建制划至城管综合执法局。

此后，浦东新区城市管理领域相对集中行政处罚权的范围继续扩大。2020年，房屋管理领域行政执法事项整体划入；2021年，水上交通领域行政执法事项整体划入；2024年，农业领域行政执法事项整体划入。截至2024年年底，浦东城管综合行政执法局执法事权涵盖十九大类领域2 500项事项（其时，上海其他区城管领域相对集中处罚事项为633项）。

浦东城市管理综合执法体制的特点，我们称之为"管执分离，综合执法"，就是将政府职能部门的管理审批与执法处罚职能分离，同时将执法处罚职能相对集中至一个部门，实行综合执法。

二、逻辑思考：公正与效率的兼顾

如何兼顾行政管理与执法工作中的公正与效率，一直是行政管理学的一个难题。浦东新区作为改革的先行者，大胆先行先试，努力在实践中找到破解这一难题的答案。"管执分离，综合执法"城市管理综合执法体制，可以说为破解行政执法中这一难题提供了一个可行的方案和有益的借鉴。

城管综合执法体制"浦东模式"的实施，主要基于三个方面的考虑：

（一）有利于增强公正性

实行"管执分离"，在一定程度上，可以减少权力过分集中引发的滥用风险。管执合一，执法权同属于相应管理部门，管理部门集审批、管理（监管）、执法处罚于一体，类似于比赛场上，参赛人既当"运动员"又当"裁判员"。这一情形，必然会影响执法的公正性和透明度。管执分离，使得管理部门在事前决策、审批时，不需考虑执法难而受到干扰，事后也无法干预、干涉执法，可以较为有效地避免既是"运动员"又是"裁判员"的尴尬处境；执法部门也能根据违法事实和法律法规独立公正地进行执法处罚。

其一，实行"管执分离"，可以避免管理目标差异性导致的执法受损。当管理和执法合一时，管理者往往会从实现自身管理目标的角度考量执法。比如，在对一些违规建设项目进行处罚时，若建设管理部门兼具执法权力，其可能会为了完成管理标准上的"高"指标而实施过度处罚，或者为了维护自己所审批项目评比中的"优秀"率而实行不当从轻处理。而当管执分离后，执法部门不再受管理部门一些"管理目标"的干扰，有利于独立公正地开展执法。

其二，实行"管执分离"，有助于相互制约监督。管理部门和执法部门分离后，双方可以互相监督制衡。管理部门对于移交执法部门的违法线索，须经过相应的移交程序和移交记录，执法部门必须予以核查，并对违法线索的处置情况向管理部门反馈，管理部门可以予以监督。执法部门也可以监督管理部门，如因为管理不到位或管理政策不当而导致违法违规现象频发，可以运用执法建议书促使管理部门完善管理监督机制，以处理这些管理不到位、不规范的问题。浦东城管综合行政执法局在违法用地整治、渣土运输管理等方面，曾向相关管理部门和相关镇发出执法建议书，推动了相关管理政策的改进和管理机制的完善。这种执法与管理的良性互动，不仅加强了对违法行为的治理，也促使管理部门主动改进工作，实现从被动执法向主动治理、从零星执法向整体治理、从单一执法向系统治理的转变。

其三，实行"管执分离"，有助于执法标准的统一。由于体制性的原因，现有的一些法律法规特别是部门规章带有很大"部门"特性，对同一违法行为，不同"部门"法律法规的违法行为界定、处罚标准往往都有不同，有的差异性还很大。不同执法部门依据本"部门"法律法规进行执法时，会产生不同的执法尺度和标准，而在实行综合执法体制后，综合执法部门可以"统一"使用一种执法标准和尺度，从而保证执法的一致性和公正性。

（二）有助于提高执法效能

其一，实行"管执分离，综合执法"提高了执法效率。一方面，它减少了部门职责交叉和模糊不清带来的推诿扯皮。在单一执法模式下，不同执法部门间职责往往存在交叉,有的又界定不清,就容易产生过去典型的"七八顶大盖帽管不住一顶破草帽"的情形。比如,对某一河道环境污染问题的处置,可能涉及环保执法、水务执法、城管执法等多个执法部门,需要几个执法部门都到场,有时会因职责不清导致互相推诿扯皮,甚至不得不召开多次"协调会",不仅浪费时间,而且降低效率。而综合执法能够将多个相关部门的执法权集中起来,在明确了一个执法主体后,能够有效避免推诿扯皮,大大提高了效率。另一方面,综合执法可以整合执法资源,对人力、物力等资源进行统一调配。以前分散在各个部门的执法人员和设备,在综合执法体制下能够集中起来,可以根据实际执法任务的需要,更合理地安排执法力量。比如,在开展较大土地环境污染案件的查处和整改时,可以集中调配环保、土地管理、渣土管理等领域的执法人员,集中力量,高效攻坚。

其二,实行"管执分离,综合执法",可以减少对相对人的打扰。在单一执法模式下,执法部门众多分散,各部门往往根据各自职能,分别开展对企业经营者的执法监督和检查;企业经营者要接受不同执法部门的多次检查,往往不堪其扰。实行综合执法模式,才可能真正做到"一支队伍"管执法,才可能真正做到"综合查一次",切实减少对企业的"打扰"。

其三,实行"管执分离,综合执法",有助于提高执法的独立性和权威性。在"管执一体"的执法模式下,由于管理与执法的合一,管理者为实现自身管理的目标,执法部门容易成为实现目标的手段,往往处于从属地位。实行"管执分离"体制,执法部门不再受管理目标的约束,也不受管理部门的领导,可以依法依规独立开展执法和监督,大大提高了执法的独立性和权威性。

(三) 有益于提升专业性

从政府管理部门的角度来看,"管执分离"后,其能够更加心无旁骛地专注于政策制定、行业规划以及日常监督等核心事务。在政策制定方面,凭借长期积累的专业知识和丰富的行业经验,政府管理部门可以深入调研城市发展需求、行业动态以及民生诉求,从而制定出更具前瞻性、科学性和适应性的政策法规。在行业规划方面,政府管理部门能够从宏观层面出发,结合城市的战略定位和发展目标,对各行业进行合理布局与引导,促进产业的健康、有序发展。在日常监督过程中,政府管理部门能够运用专业手段和标准,及时发现行业运行中的问题和隐患,为城市的稳定运行提供有力保障。

而行政执法部门在"管执分离"模式下,得以集中精力深耕执法领域专业能力。通过深入研究执法依据,行政执法部门得以确保每一项执法行动都有坚实的法律支撑,避免执法的随意性和盲目性。同时,通过不断优化执法程序,行政执法部门能够使执法流程更加规范、高效,减少执法过程中的冲突和矛盾。这不仅有助于提升执法人员的专业素养,使其在面对复杂多样的执法场景时能够准确运用法律武器,还能增强执法的精准性,做到对违法行为的精准打击,维护城市的良好秩序和法治环境。

三、优势发挥:着眼"物理整合"到"化学融合"

近年来,浦东城管积极探索,创新突破,不断激发综合执法体制的内在动力,使得综合执法体制优势初步显现。主要成效体现在以下五个方面:

第一,推进执法事项整合,真正形成"综合查一次"执法监管机制。

实行综合执法体制,将原来分散在其他管理部门的执法事权集中到综合执法部门,将原来隶属于其他管理部门的执法队伍划转至综合执法部门,只是实现了对执法事权的"物理整合"。如果划转至综合执法部门的各支执法队伍,依然按照原来的职能和事权开展执法和监督,没有实现"物理整合"到"化学融合",综合执法的效应依然无从发挥。

浦东城管积极尝试,不断实践,探索形成了一套"综合查一次"的执法监管模式。2021 年,浦东新区通过政府重大决策,制定下发了《浦东新区城市管理行政执法领域综合监管工作规定》(以下简称《规定》)。《规定》明确,对于企业经营者,凡涉及城市管理综合执法领域的执法事项,只需有一支专业队伍上门开展综合执法检查。比如,对汽车修理企业,过去有交通执法队、环保执法队、水务执法队、市容城建执法队等多支执法队伍分别开展执法检查,现在明确只有交通执法一支执法队伍开展执法检查,同时将环保执法队、水务执法队、市容城建执法队需要检查的事项一次性完成检查。在浦东,执法检查的"综合查一次"得以真正实现("综合查一次"执法监管机制的详细介绍见本书第三章)。

第二,推进法条竞合,努力构建公平公正的法律保障体系。

前面述及,由于体制性的原因,现有的一些法律法规特别是部门规章带有很大"部门"特性,对同一违法行为,往往不同"部门"法律法规的违法行为界定、处罚标准都有不同。

过去,不同执法部门依据本"部门"的法律法规开展执法处罚,实际已产生了不同的执法尺度和标准。浦东实行综合执法体制后,这一矛盾和冲突更加明显。比如,对于擅自倾倒固体废物(垃圾)这一违法行为,涉及《中华人民共和国固体废物污染环境防治法》《中华人民共和国长江保护法》《中华人民共和国水污染防治法》等多达13部法律法规,然而,各法律规定的处罚却差异很大。如《中华人民共和国固体废物污染环境防治法》对擅自倾倒各类固体废物(除农业固体废物、装修垃圾)做了特别规定,按照特别法优于一般法,新法优于旧法的原则,一般情形下,《中华人民共和国固体废物污染环境防治法》优先适用;而在长江流域河湖水域擅自倾倒固体废物,如果是行为人在取得如填堵的规划许可、行为部分审批等情形下实施的倾倒行为,则适用《中华人民共和国长江保护法》;《中华人民共和国水污染防治法》适用向水体倾倒其他废弃物,包括农业固体废物的行为。从法理上来说,上述法律法规都是城管执法的法律依据,如果对不同违法主体的同一违法行为,不同的执法队伍依然习惯性地依据原"部门"的法律法规实施行政处罚,或者故意有"选择性"地依据某部门法律法规实施行政处罚,就会带来执法的随意性,造成执法的不公。

为此,浦东城管成立了专项工作组,对浦东城管综合执法过程中适用的不同法律法规中"相同"或"相近"的执法事项进行了全面梳理,深入开展法条竞合下的执法适用研究,并积极与法院、司法部门加强沟通,建立了适合浦东综合执法实践的统一适用标准。目前已形成《擅自倾倒固体废物(垃圾)法律适用》《违法搭建法律适用》《占道设摊法律适用》等法律适用建议。

第三,推进执法队伍统合,构建"专综结合"的执法队伍体系。

浦东城管逐渐建立"专综结合"的执法队伍体系,作为提高执法效率和协同性的关键,全面理顺区局执法队伍之间、区局执法队伍与街镇执法队伍的执法界面和职责分工。具体而言,主要做了以下四个方面的工作。

其一,加强"专综结合"执法队伍能力建设。区局各执法支(大)队在做强本专业执法能力的基础上,拓展综合监管和执法能力。如生态环境支队在加强环境污染执法的同时,学习掌握相关领域知识,以便协同其他部门工作。各街镇执法中队在增强"下沉事项"综合执法能力的同时,构建"专业执法联络专员"机制,指派至少一名熟悉某一专业执法领域业务的队员作为联络专员,通过培训、交流学习等提升其专业执法能力,使其能及时发现问题并与上级沟通协作。此外,浦东城管学校会同各专业支(大)队深化"专综结合"培训课程,根据岗位和执法需求设计内容,开展了多样化培训活动,以全面提升执法人员综合执法能力。

其二,构建以"监管对象"而非"监管事项"为基础的执法界面划分机制。根据执法事项性质、难度和影响范围确定各级执法机构权限,如跨区域、专业性强的重大案件由各专业支(大)队牵头办理,常见多发一般性案件由街镇执法中队负责。在综合监管总体规划下,研究以监管对象为划分基准对应执法事项的界面划分机制,同时,发挥各专业支(大)队指导作用,健全区级执法机构牵头、组织、指导等工作机制,确保各级执法部门协同作战。

其三,构建上下贯通、协同联动的"大勤务"机制。在明确执法权责基础上规范联动流程,研究完善联勤联动勤务模式,通过健全指挥调度体系、信息共享平台和应急响应机制,实现各级执法队伍高效协同。如应对突发事件时,区级指挥中心统一调配力量,各队伍迅速行动形成合力;更迭升级三级指挥体系,利用信息技术提升智能化水平,实现精准调度和实时监控;统筹执法力量,增强调度能力,确保各执法队伍在需要时能够迅速响应,快速到达现场开展执法工作;建立定期演练和考核机制,检验和提升"大勤务"机制的运行效果,不断完善协同联动的工作流程和标准,形成专综一体、全面高效联动的勤务模式,确保整支队伍有序运转,命令任务高效落实。

其四,构建街镇执法队伍"双重管理"机制。"双重管理"机制,是指区执法局和属地街镇按职责共同管理基层队伍,其中街镇负责日常管理,区执法局统筹干部培养、考核等工作。此举充分考虑"传统'拉条'管理有专业优势,但易产生条块分割"与"'放块'管理强调属地,能快速响应问题,却可能权责不明"这原有两套机制的现实特征,科学融合二者优势,通过"重心下移、事权下放、队伍下沉"的形式,让执法资源与工作量匹配,从而夯实基层治理。同时,"双重管理"机制还通过政策文件明确职责和沟通机制,在多方面制定清晰的实施口径,形成良好沟通机制,推动协同合作与管理实效的提升。

第四,深化行政执法业务研究,全面提升执法专业化水平。

提升城管综合执法规范化、专业化、智能化,是提高城管执法水平、提升城管执法队伍形象的根本途径。浦东城管综合执法体制的实行、综合行政执法部门的设置,为实现城管综合执法规范化、专业化、智能化,提供了重要的组织保证。综合执法部门的领导者不需要把精力放在"管理目标"的实现上,而是可以集中精力深入研究行政执法的本质和业务。近年来,浦东城管在这方面进行了不少有意义的探索。

其一，成立全国首家城管学校。组织开展多层次、多形式的培训活动，包括提升综合素质的全员培训，针对不同执法领域和岗位需求而开展的专业知识技能培训，注重实战操作提高应对能力的实务练兵等。通过系列培训，培养专业化和复合型人才，推进队伍建设，提升执法质效。此外，依托多种机制开展"块对块、面对面"培训，选派骨干队员实地带教，从日常巡查规范到案件办理程序要求等方面进行针对性指导，从而帮助队员快速成长。

其二，首创城市管理领域的"全流程非现场执法"。浦东城管起草推动了全国首部涉及非现场执法的"浦东法规"，科学运用现代信息技术手段，收集、固定违法事实，采用信息化等方式进行违法行为告知、调查取证、文书送达、罚款收缴等一系列执法方式，最大限度减少行政执法人员与相对人接触，以避免执法冲突，杜绝粗暴执法隐患，提升执法实效。

其三，首创分类分级执法检查模式，依据风险等级确定检查频次和深度。深化完善执法检查和综合执法监管机制，通过明确必检项目和选检项目，制定详细的检查清单和操作规范。在明确监管标准的同时，加强对执法人员的培训指导，提高其对不同监管对象的识别判断能力，确保执法检查准确有效。

其四，率先取消案件数考核指标。构建以"解决问题为根本，实际成效为核心"的工作评价体系，全面推行案件办理工作完成"过程导向"向"效果导向"的转变，精准界定各类诉件处置方式，严格规范工作处置流程，全面明确诉件处置标准并引入人性化操作口径。完善执法实效评估体系，对各类诉件、案件的真实性、合规性、合理性进行全面核查，确保处置结果真实有效、严肃公正。

其五，全面制定执法办案指引和执法检查指引。在依照法定职责和规范，明确检查内容、流程步骤和检查要点制定规范性检查标准的基础上，深入构建全事项、全领域的违法行为认定、案件办理流程、场景实操运用等脉络分明的专业执法指引体系，切实以执法办案工作实效检验培训效果，并依据法律法规变化和执法实践发展及时修订，确保其有效规范检查和指导执法实践。

其六，构建街面秩序智能监管和无人机智能监管等经典智能化应用场景。浦东城管致力于所有应用开发着眼执法效率和执法效能的提升，为实际工作和执法实践服务，并确保与执法规范高度契合，实现执法业务和信息技术的有机融合，推进执法业务结构、执法流程和执法模式三者建设同步发展。

第五，加强管执联动，建立健全管执联动常态化机制。

浦东城管不断推进落实常态化联动机制，优化完善"管""执"联动，如签订备题,严重影响行政管理效能的发挥。而管执联动,作为一种协同治理的理念与方式,为化解管执分离的困境提供了可行路径。

管执分离所引发的主要问题,首先是部门之间协调沟通方面的障碍。由于常态化沟通机制的有待完善,管理部门与执法部门之间信息传递不及时、不准确的现象屡见不鲜。管理部门在日常监管中发现的潜在违法线索,无法迅速传递给执法部门,导致违法行为未能及时得到查处;执法部门在执法过程中遇到的政策理解分歧,也难以与管理部门实时沟通协调,影响执法的公正性与准确性。同时,信息共享平台的缺失,使得双方在数据交互上存在困难,无法形成有效的信息合力。

其次,职责划分不明确同样是一大难题。在实际工作中,部分管理与执法的职责边界模糊不清,存在诸多交叉与空白地带,在一些新兴领域或复杂事务的处理上尤其突出,严重影响工作效率与政府公信力。而当出现职责争议时,缺乏有效的协调机制,使得问题久拖不决,往往导致行政管理工作陷入僵局。

资源配置低效也是管执分离带来的负面效应。人力、物力、财力等资源未能实现统一规划与调配,造成了资源的浪费与闲置。例如,在设备采购上,管理部门和执法部门各自为政,出现重复购置的现象;在人员安排上,也存在因缺乏统筹而导致部分地区人手不足,部分地区人员冗余的情况。

监督考核脱节更是削弱了管执分离体制的运行效果。管理部门的监督重点往往在政策执行的宏观层面,对执法部门的具体执法行为难以做到有效监督;执法部门的考核指标又往往侧重执法数量与处罚力度,忽视了与管理目标的契合度,导致执法工作未能真正服务于管理大局。这些工作重点的差异导致部门之间的监督考核机制相互独立,缺乏协同性的弱势被不断放大。

面对这些问题,如何促成高效的管执联动成为破局关键。在协调沟通方面,建立常态化沟通机制至关重要。定期会议制度能够为双方提供一个固定的交流平台,每周或每月的联席会议可让管理部门与执法部门共同商讨重大问题,明确阶段性工作重点,实现信息的充分共享与工作的协同推进。临时沟通机制则是应对突发事件的"应急通道",通过设立应急沟通群组或热线电话,确保在紧急情况下双方能够迅速响应,协同决策。同时,搭建统一的信息共享平台,制定标准化的数据录入与使用规则,让管理部门的日常监管数据与执法部门的执法记录能够实时互通,打破信息壁垒,为管执联动提供坚实的数据支撑。

明确职责边界亦是管执联动的基础。这需要细化职责清单内容,组织专业力量对管理和执法部门的职责进行全面梳理,明确每个部门在具体事项中的权利与义务,将职责边界清晰化。同时,建立动态调整机制,随着政策法规的变化与实际工作的推进,及时对职责清单进行优化,确保其始终符合行政管理的实际需求。当出现职责争议时,需要由政府分管领导牵头,联合法制部门与行业专家组成协调小组,按照规范的协调流程,对争议进行公正、高效的调解与裁决,保障行政管理工作顺利开展。

资源配置的优化需要通过建立资源统筹机制来实现。政府相关部门应施行资源统一规划与调配,根据工作任务与实际需求,合理分配人力、物力、财力资源。在编制年度预算时,要求管理与执法部门共同参与,对涉及管执联动的项目进行统一规划与预算编制,避免资源的浪费与闲置。推动资源共享共用,制定硬件资源共享目录,让执法车辆、检测设备等在部门间合理调配;建立人力资源互助机制,在重大任务或专项行动中,组建联合工作小组,实现人力资源的优势互补。

构建联合监督体系与完善考核评价机制是管执联动的有力保障。内部监督机构协同合作,对管执联动过程中的工作表现与履职情况进行同步监督检查,形成监督合力。同时,引入社会监督与媒体监督等外部力量,拓宽监督渠道,增强管执工作的透明度。在考核评价方面,制定涵盖管理成效、执法效果与管执联动配合度等多维度的联合考核指标体系,将考核结果与部门和个人的绩效奖励、评先评优、干部任免紧密挂钩,充分发挥考核的激励导向作用,激发管执部门积极参与联动工作的积极性与主动性。

(三) 凡事皆有度,综合执法也并非综合越多越好

深入探究综合执法的本质与目的,更能明晰"度"的关键意义。综合执法的初衷是根治多头执法、职责交叉、执法扰民等沉疴顽疾,以期大幅提升执法效率与水平。然而,倘若盲目地过度追求"综合"的广度与数量,无疑会模糊综合执法的核心目标,使执法工作陷入纷繁复杂的泥沼,难以聚焦关键领域与重点问题。毕竟,执法的终极目的在于维护社会秩序、保障公民合法权益、推动经济社会稳健发展。一旦"综合"过度,执法力量必然分散,在众多领域间疲于应付,最终导致对重点问题的执法力度大打折扣,无法达成预期的执法成效。

回归现实操作层面,诸多实际因素也凸显出把握综合执法"度"的紧迫性。首先,执法资源并非取之不尽、用之不竭。任何地区的执法人力、物力、财力等资

（七）依据建设管理方面法律、法规和规章的规定，对违反建设工程文明施工管理，损坏、擅自占用无障碍设施或者改变无障碍设施用途，违反燃气管理的违法行为行使行政处罚权。

（八）依据物业管理方面法律、法规和规章的规定，对在物业管理区域内违法搭建建筑物、构筑物，破坏房屋外貌，损坏房屋承重结构，擅自改建、占用物业共用部分，损坏或者擅自占用、移装共用设施设备，擅自改变物业使用性质，物业服务企业对业主、使用人的违法行为未予以劝阻、制止或者未在规定时间内报告有关行政管理部门的违法行为行使行政处罚权。

（九）依据城乡规划管理方面法律、法规和规章的规定，对违反城乡规划管理的违法行为行使行政处罚权。

（十）依据城市交通管理方面法律、法规和规章的规定，对违反公共汽车和电车客运、出租汽车客运、道路运输管理的违法行为行使行政处罚权。

（十一）依据林业管理方面法律、法规和规章的规定，对违反防护林、经济林、特种用途林管理的违法行为行使行政处罚权。

（十二）依据食品药品管理方面法律、法规和规章的规定，对占路无证照摊点经营的违法行为行使行政处罚权。

（十三）依据文化市场管理方面法律、法规和规章的规定，对占路无证照摊点经营的违法行为行使行政处罚权。

（十四）依据居住房屋租赁管理方面法律、法规和规章的规定，对违反最小出租单位、居住人数限制和最低承租面积规定的违法行为行使行政处罚权。

（十五）依据地下空间安全管理方面法律、法规和规章的规定，对违反地下空间安全管理的违法行为行使行政处罚权。

（十六）依据石油天然气管道保护方面法律、法规和规章的规定，对违反石油天然气管道保护管理的违法行为行使行政处罚权。

（十七）依据土地管理方面法律、法规和规章的规定，对违反土地管理的违法行为行使行政处罚权。

（十八）依据空调设备安装使用管理方面法律、法规和规章的规定，对违反空调设备安装使用管理的违法行为行使行政处罚权。

（十九）本市地方性法规和政府规章规定的其他行政处罚权。

浦东新区城市管理行政执法局、浦东新区各镇政府集中行使上述行政处罚权后，有关的行政机关和法律、法规授权的组织不再行使已由浦东新区城市管理行政执法局、浦东新区各镇政府集中行使的行政处罚权;如有仍然行使的,作出的行政处罚决定无效。

三、关于浦东新区城市管理领域相对集中行政处罚权范围扩大后的行政复议体制

依据《中华人民共和国行政复议法》《中华人民共和国行政复议法实施条例》《上海市人民政府关于本市开展行政复议委员会试点工作的意见》《中国(上海)自由贸易试验区条例》《中国(上海)自由贸易试验区相对集中行政复议权实施办法》等的规定,实行相对集中行政复议权制度。

当事人对浦东新区城市管理行政执法局、浦东新区各镇政府作出的具体行政行为不服申请行政复议的,由浦东新区政府统一行使受理、审理和作出行政复议决定的职权。

四、关于做好扩大浦东新区城市管理领域相对集中行政处罚权工作的要求

扩大浦东新区城市管理领域相对集中行政处罚权范围,是推进浦东综合配套改革试点工作的一项内容,也是本市深化城市管理综合执法体制改革的进一步尝试。市有关部门要积极支持,履行指导和监督职能,配合做好浦东新区城市管理领域相对集中行政处罚权工作。浦东新区政府要加强对这项工作的领导,组织做好浦东新区有关行政管理部门的职能划转工作,并根据国家和本市的有关规定,抓紧制定相关配套制度,确保浦东新区城市管理领域相对集中行政处罚权工作平稳推进。

本决定自 2016 年 3 月 1 日起实施,原《上海市人民政府关于扩大浦东新区城市管理领域相对集中行政处罚权范围的决定》(沪府发〔2006〕18 号)同时废止。

2016 年 1 月 27 日

第二章

全国首创城管领域全流程非现场执法

2021年10月28日,上海市第十五届人民代表大会常务委员会第三十六次会议表决通过《上海市浦东新区城市管理领域非现场执法规定》

随着我国经济的快速发展和城市人口的不断扩张,城市管理执法环境却日益严峻。一方面,面对违法群体,尤其是身处社会底层的违法群体,一旦出现执法纠纷,城管一定是舆论指责的对象;另一方面,全国各地城管砸摊、打人等新闻报道的层出不穷,也使城管的负面形象一直难以得到改善。如何破解城管执法的窘境?除不断提升城管执法人员的自身素质外,浦东城管尝试从"改变执法方式"积极寻求破解之道,城管领域的"全流程非现场执法"模式随之应运而生。

一、全国首部涉及非现场执法的法规诞生

2021年10月28日,上海市第十五届人民代表大会常务委员会第三十六次会议,通过了《上海市浦东新区城市管理领域非现场执法规定》(以下简称《浦东规定》),自2021年12月1日起施行。这是全国首部涉及非现场执法的专门性法规,也是上海市首部社会治理领域的浦东新区法规。

《浦东规定》的出台和实施,为城市管理领域的非现场执法提供了法律依据和法律保障,也有效规范了非现场执法行为,标志着非现场执法进入了法治化、规范化的轨道,具有重大的理论意义和实践意义。

《浦东规定》共十八条,对非现场执法的概念定义、实施步骤、法律程序、权利救济、政府公权力限制等进行了系统性规定。其中涉及创设和变通的内容主要为:

(1)确定监控设备取证的合法性。此前,浦东城管执法部门开展非现场执法,或没有法律、行政法规规定,或有规定但规范性文件法律效力低,亟须法规明确才能更加有效地维护和保障非现场执法开展的合法性。因此《浦东规定》第七条变通了《中华人民共和国行政处罚法》第四十一条,明确了浦东城管非现场执法可以用电子监控设备取证。

(2)明确采集行政相对人信息的合法性。非现场执法工作需要提前采集相对人的诸如手机号、地址、身份证、营业执照等信息作为基础数据。《中华人民共和国民法典》第一千零三十四条、第一千零三十五条还对个人隐私作出了相关的保护,因此《浦东规定》第八条,在"必要合理"原则的前提下,赋权了浦东城管采

集当事人相关信息的权力。

（3）明确以电子送达为核心的电子化告知送达方式。根据《中华人民共和国民事诉讼法》及其解释，电子送达一般通过传真、电子邮件或者移动通信等即时收悉的特定系统进行送达。而实践中，浦东城管主要通过短信发送链接登录浦东城管微信公众号或者当事人直接登录微信公众号的方式，让当事人进行查看违法行为证据照片、线上陈述申辩、查收法律文书、缴纳罚款等事宜。因此《浦东规定》第十三条对"移动通信等即时收悉的特定系统"这一电子送达解释的外延进行了进一步解释。

（4）创设动态清单制度，确定非现场执法事项适用范围。浦东城管综合执法有交通、生态、水务、规土、市容、农业、房管等2 000多项执法事项，相比公安仅在道路交通领域实施非现场执法，其所面对的情况更为复杂，可探索的空间更大。而法规具有"管长期"的特征，有的违法行为目前受制于技术，可能无法开展非现场执法，但并不意味着未来不能，因此《浦东规定》第四条设立清单制度，设置动态调整机制，符合实践中动态发展的需要。根据《浦东规定》第四条"浦东新区人民政府应当编制非现场执法事项清单，在政府网站公布，并及时动态调整"的规定，2021年11月30日，浦东新区人民政府在政府网站发布公告，将超出门窗和外墙经营、占道设摊、占道洗车、工程渣土运输车辆未采取密闭或者覆盖措施和工程渣土运输车辆产生泄漏、散落或者飞扬等5个执法事项纳入首批非现场执法事项。

（一）首个非现场执法的地方标准定义

由于国家立法层面还没有关于非现场执法专门的规范和法律阐述，学者和实践部门也未能形成较为公认的定义或统一释义，因而，各方对于"非现场执法"这一概念的表述可谓五花八门，各地关于非现场执法的实践路径也大相径庭。《浦东规定》的出台与实施，使非现场执法有了第一个规范性标准。

《浦东规定》第二条规定："本规定所称的非现场执法，是指运用现代信息技术手段收集、固定违法事实，采用信息化等方式进行违法行为告知、调查取证、文书送达、罚款收缴等的执法方式。"这一定义，基本体现了非现场执法概念的科学性和完整性，也体现了非现场执法的根本特征。

首先，非现场执法的核心要义，在于将现代电子监控设备收集、固定的违法事实，作为行政处罚的完全证据。也就是说，运用现代信息技术收集、固定的电子数据,既不需要其他证据的佐证,也不需要当事人的"口供"自认,可以单独作为完整证据对行为人进行行政处罚。如果现代信息技术如电子监控设施收集、固定的违法事实等仅可作为行政执法的辅助手段,执法人员还需要到现场或与违法行为人直接接触进行调查取证,才能实施对行为人的处罚,就不能算是真正意义上的非现场执法。

第二,非现场执法的根本特征,在于全流程、全过程的"非现场"。实现城市管理领域的非现场执法,其重要目的之一就在于可最大限度地减少与行政相对人的接触,从而有效避免执法冲突,杜绝粗暴执法。如果不能实现从证据固定、违法告知、文书送达、案件执行的全过程非现场执法,就无法达到实施非现场执法的初衷,也不能算是完整意义上的非现场执法。

在以往的城管执法中,与行政相对人发生矛盾冲突的情形,大部分是发生在暂扣摊贩的物品或工具的过程中。城管执法人员为何要暂扣摊贩的物品或工具?原因是:在城管执法实践中,城管对摊贩们没有其他制约手段,只能通过暂扣物品这种类似"抵押"的形式,推动摊贩缴纳罚款,用缴款凭证"换回"被暂扣的物品,从而实现对违规违法行为的罚戒,这也是以往城管执法的无奈。全过程的非现场执法,特别强调依托法院的非诉执行完成"非现场"的执法闭环,这也是浦东城管非现场执法模式具有实质性意义的关键。如果不能打通最后一个环节,不能实现"非现场"的案件执行,城管执法依然会绕回"暂扣物品、矛盾冲突、粗暴执法"的死循环。

其三,非现场执法概念的科学提炼,必须体现非现场执法的实践性。全国范围内非现场执法模式的首次实践尝试,是从公安交通管理领域开始的。1996年5月,北京市公安第一台"抢红灯自动拍摄器"抓拍成功,开启了我国道路交通非现场执法这一新模式;其后,各地开始跟进学习这种模式。公安交警实施"非现场执法"的大致过程是:机动车驾驶员闯红灯等违法行为被监控设施抓拍——系统自动推出驾驶人员罚单——驾驶人员直接认缴罚款。交管部门和公众通常将之称为"电子警察",一直没有正式使用"非现场执法"一词,但其实这一执法模式标志着真正的非现场执法模式的开启。

今天在对浦东城管非现场执法模式进行定义时,应当基于交警这一成熟的执法实践过程予以定义,而不能基于各自领域或地区"运用现代信息技术水平"而进行随意设定。

（二）非现场执法理解上的误区

目前，各界对非现场执法概念的表述常出现模糊不清，各地开展非现场执法的实践也往往鱼龙混杂，主要原因是对非现场执法在理解上依然存在种种误区。

误区一：把单一的电子证据或利用监控技术进行辅助执法的方式，理解为非现场执法。

当前，大多数地方所宣传的城市管理领域的非现场执法，基本还处于监控技术辅助执法的层面，仍难以称得上是真正意义上的非现场执法。例如，一些地方的城管执法部门通过自设或共享的监控探头，帮助发现或锁定了偷倒工程渣土的车辆，较为高效地实施了对违法当事人的处罚。如果称这种执法方式为非现场执法，其实是对非现场执法模式的误解。如果这就是"非现场执法"，那公安部门对大多数盗窃案的破获，都可称之为"非现场执法"。

误区二：把一些正在探索的远程办案手段，理解为非现场执法。

当前，一些地方利用现代信息技术提高办案效率，便捷行为相对人，如远程视频开展询问并制作笔录，远程开展听证等，这种探索是积极的。《浦东规定》第九条就明确，"浦东新区城管执法部门可以通过视频、音频等方式开展询问调查。视频、音频询问时，应当表明执法人员身份，告知被询问人享有的相关权利和义务。视频、音频资料可以替代书面询问笔录。必要时，浦东城管应当对视频、音频资料的形成时间和关键内容等作文字说明。"

但这只是非现场执法调查取证环节可以适用的方式之一，并不能将此单独称为"非现场执法"。

误区三：把非现场监管，理解为非现场执法。

当前，很多地方和领域都在积极推进非现场监管，但不少地方和领域就误将"非现场监管"称之为"非现场执法"。这是两个完全不同的概念。关于非现场执法，其定义前已述及，《浦东规定》提供了地方性的标准，但在国家层面还没有统一规范的表述；关于非现场监管，其概念和定义在国家层面均有标准的表述和体现。

中共中央、国务院印发的《法治政府建设实施纲要（2021—2025年）》指出："推动政府管理依法进行，把更多行政资源从事前审批转到事中事后监管上来。健全以'双随机、一公开'监管和'互联网＋监管'为基本手段、以重点监管为补充、以信用监管为基础的新型监管机制，推进线上线下一体化监管，完善与创新创造相适应的包容审慎监管方式。"2019年10月8日国务院第六十六次常务会议通过的《优化营商环境条例》第五十六条规定："政府及其有关部门应当充分运用互联网、大数据等技术手段，依托国家统一建立的在线监管系统，加强监管信息归集共享和关联整合，推行以远程监管、移动监管、预警防控为特征的非现场监管，提升监管的精准化、智能化水平。"

根据上述中共中央、国务院文件和《优化营商环境条例》相关内容，可以看出，"非现场执法"与"非现场监管"是两个不同的含义，其不同之处主要在于：

其一，二者的出发点和目的不同。实施非现场执法的出发点，主要是行政执法机关提高执法效率的需要；而开展非现场监管，是国家部门为优化营商环境对相关行政执法部门提出的要求，其目的是提高监管的精准性，以最大限度减少对监管对象的干扰。

其二，二者涵盖的执法内容不同。非现场执法是指违法行为发现、证据锁定、立案处罚、案件执行等行政执法各环节的"非现场"；而非现场监管主要是指行政执法的监管环节的"非现场"。

其三，二者监管对象的范围不同。非现场执法，主要是针对非特定监管对象；非现场监管，主要是针对特定监管对象。

其四，二者的技术监管方式有所不同。非现场执法的技术手段，目前主要是运用电子监控设备；非现场监管的技术手段，除运用电子监控设备外，大多是运用在线监测设备。

二、非现场执法的技术三要素

通过对公安交警非现场执法过程的研究，要实现全流程非现场执法，在技术层面，需要实现三个条件，即所谓"技术三要素"：电子技术监控设备、行政相对人信息数据库和数据中台。

（一）基础：电子技术监控设备

实现非现场执法，电子技术监控设施是基础。没有技术监控设施，奢谈非现场执法，恐怕只能沦为空谈。我们知道，公安交警对一些交通违章行为如闯红灯、超速等实现了非现场执法，得益于公安交警系统较早建立起了庞大的几乎全覆盖的道路交通电子监控系统。但是，在城市管理领域，城管执法部门往往缺乏广泛覆盖的城市管理电子监控系统,也无法建设单独的城市管理监控系统。尽管从理论上说,城管执法部门可以共享公安交警的监控探头;但在实际工作中,由于技术、体制等的限制,共享能够真正实现的比例十分有限。

浦东城管为解决这一基础性问题,率先创新突破,建立起车载移动监控系统。《浦东规定》第七条明确,"电子技术监控设备分为固定式和移动式。移动电子技术监控设备应当安装在统一标识的车辆上,监控区域应当向社会公布。"

浦东车载移动监控系统包括车载取证主机、全景云台、全景摄像机、车载手控器、车载显示屏、车载平板电脑及其他相关配件,全景相机配置 6 通道 400 万像素摄像头,通过先进的图像拼接与融合算法,实现 360°全景覆盖。凭借全景视野和高像素图像,车载移动监控系统能够准确捕捉并记录城管事件的全貌,并可以支持 11 种及以上的城管事件智能识别与取证,同时搭载以下重要功能:一是车巡智能线路功能。系统能够根据预设的巡逻任务和区域,自动为车辆规划巡逻线路,并实现路线和车辆的"双随机"分配。这种随机性有助于增强巡逻的不可预测性,提高巡逻效率,减少巡逻盲区。二是优化视频识别算法。系统采用了先进的视频识别算法,并进行了优化,使得车辆巡逻时的车速从 20 km/h 提高到 60 km/h 时能够保持较高的识别准确率,即使在车速较快的情况下,系统也能准确识别并抓拍违法或异常行为。

当然,电子监控的设置也需要合理规范,否则就会损害相对人的合法权益。《中华人民共和国行政处罚法》第四十一条规定,"行政机关依照法律、行政法规规定利用电子技术监控设备收集、固定违法事实的,应当经过法制和技术审核,确保电子技术监控设备符合标准、设置合理、标志明显,设置地点应当向社会公布。"《浦东规定》第七条第二款、第三款明确,"电子技术监控设备的安装使用应当经过法制审核和技术审核,确保电子技术监控设备符合国家标准或者行业标准。电子技术监控设备应当定期维护、保养、检测,保持功能完好……移动电子技术监控设备应当安装在统一标识的车辆上,监控区域应当向社会公布。"

据此,浦东城管制定了《非现场执法电子技术监控设备安装使用技术审核和法制审核工作指引》,对审核工作进行了规范。明确电子技术监控设备在拟投入使用前 60 日,由技术部门搜集相关设备的参数、证明资料等内容开展技术审核。具体技术审核的要求是:技术条件是否符合国家标准或者行业标准;是否有符合产品质量检验合格的相应证明;法律、法规、规章或者行业标准规定的其他内容。经过技术审核符合标准的,由技术部门提起,附相关设备的参数、证明资料等。转局重大法制审核部门进行法制审核,审核标准为:设置的目的是否合法必要;设置的场所是否科学合理;法律、法规、规章规定的其他内容。审核通过后,对于固定监控,在正式投入使用前,通过"浦东城管"微信公众号将设置地点或监控区域等内容向社会公示。

(二)核心:行政相对人信息数据库

实现非现场执法,行政相对人信息数据库是核心。如果没有违法行为背后当事人的相关信息,特别是姓名及身份证、手机号等关键信息,执法部门就无法使用信息技术手段发送相关告知信息及法律文书,就难以获得法院非诉执行的支持。公安交警对一些交通违章行为如闯红灯、超速等实现了非现场执法,得益于公安部门利用自身的优势,较为便利地建立起了机动车车主的信息数据系统。而对城管执法部门来说,实现城市管理领域的非现场执法,最大的困难就是如何掌握行政相对人准确的信息数据。

浦东城管要对首批列入非现场执法的五个事项,即"超出门窗和外墙经营、占道设摊、占道洗车、工程渣土运输车辆未采取密闭或者覆盖措施、工程渣土运输车辆产生泄漏散落或者飞扬"等实现非现场执法,就需要建立沿街商户、违规设摊人员、渣土运输车辆三个数据库。

建立数据库的方式主要有两种途径:一是共享管理部门数据;二是自主采集。《浦东规定》第八条明确,"浦东新区城管执法部门应当建立相关信息数据库和信息平台,与区公安、市场监管、民政、住房管理等部门建立信息互通共享机制。浦东新区城管执法部门应当依据必要合理原则,依法规范采集行政相对人的相关主体身份信息,并对采集的个人信息按照有关法律法规进行处理。"这赋予并规范了浦东城管执法部门采集行政相对人信息的权限。

当然,共享管理部门的数据是最有效和便捷的方式,但这要取决于管理部门相关数据库的匹配度和准确度。在上述浦东城管执法需要的三个数据库中,相关管理部门有着较为完整、准确的渣土运输车辆数据库,完全能满足非现场执法的需求,浦东城管进行了直接对接共享。但另外两个数据库则无法实现共享,其原因是:违规占道设摊因其流动和变动的特性,任何部门都没有当事人的信息数据库;沿街商铺也因其开关较为频繁以及注册地与经营地不一致等,导致相关管理部门的数据库准确度较低,无法满足非现场执法的要求。

为此,浦东城管建立起自主采集的数据库系统。一是沿街商户数据库。第一次自主全量采集全区5万余户沿街商铺信息,并建立起信息维护更新机制,确保数据的实时、准确。二是违规设摊人员数据库。运用登记信息、首违免罚等机制,动态建立起违规设摊人员信息库,实现了线下发现、线上处罚的非现场执法模式。

(三)关键:数据中台

实现非现场执法,数据处理中台是关键。实现全流程非现场执法,需要海量信息传输、大数据分析、AI智能算法等技术的支持,需要数据系统、办案系统等的联通,势必要求功能强大的数据处理中台作为后盾。为此,浦东城管建立起体系化的综合信息平台,为非现场执法提供保障。

浦东城管的非现执法数据处理中台,可以说是集数据归集、智能算法、证据审核、全程办案于一体的综合信息平台。主要包括以下系统:

(1)**数据归集系统,即行政相对人信息数据系统**。建立并完善监管对象信息采集、审核、整理、归集、更新维护系统和共享数据对接等功能,浦东城管以自主建设沿街商户数据库为"切入口",实行"数据包干",依托浦东城管APP,执法队员可以快速便捷地采集到监管对象的商户名称、经营地址、营业执照、法人身份信息、店面实景照片等基础信息,完成对沿街商户基础数据信息的归集整理。

(2)**大模型算法系统,即违法行为智能识别系统**。浦东城管结合街面的重点执法监管需求,采用图像比对分析、物体体征分析和视频捕捉分析等AI智能算法技术,建立"固定点位+移动车巡"相结合的智能发现机制,经过不断实践优化,实现了对跨门经营、占道洗车、占道设摊、占道堆物、五乱、非机动车乱停放等街面执法事项的全时段、全自动智能识别发现、实时告警、审核推送等。

(3)**办案系统,即非现案件办理核心系统**。以大模型算法系统为支撑,以数据归集系统为核心,实现从违法行为发现、案件办理、当事人缴纳罚款等全环节零接触办案,既提升了办案效率,又方便当事人快速处理。建立与法院的联动机制,夯实法院非诉执行保障,确保行政处罚执行到位。

(4)**数据分析系统,即数据信息分析应用系统**。中台建立了针对不同业务需求的基础分析报表,可以按需求对全区非现工作进行统计,统计结果将为局乃至区层面进行管理、治理及提出相应决策提供一定程度的依据。在夯实数据信息归集梳理的基础上,浦东城管依托大模型算法,从监管对象信息、非现案件数据等维度,不断深化数据分析的应用领域,建立了街面秩序指数模型等,有效提升了执法工作的效率与质量。

三、非现场执法的法律三要素

通过对公安交警非现场执法过程的研究,要实现全流程非现场执法,在法律层面,同样需要三个条件,即所谓"法律三要素":法律授权、法制审核和非诉执行。

(一) 根本:法律授权

《中华人民共和国行政处罚法》第四十一条第一款规定,"行政机关依照法律、行政法规规定利用电子技术监控设备收集、固定违法事实的,应当经过法制和技术审核,确保电子技术监控设备符合标准、设置合理、标志明显,设置地点应当向社会公布。"法律界对这一规定的解读是:利用电子技术监控设备收集、固定违法事实,实施非现场执法,必须有法律或行政法规的规定或授权。

公安交警为何可以实施非现场执法,因为有《中华人民共和国道路交通安全法》的法律依据作保障。《中华人民共和国道路交通安全法》第一百一十四条规定,"公安机关交通管理部门根据交通技术监控记录资料,可以对违法的机动车所有人或者管理人依法予以处罚。对能够确定驾驶人的,可以依照本法的规定依法予以处罚。"但是,城市管理领域的执法缺乏这样法律的支撑,《浦东规定》的出台与实施,可以说为浦东城管的非现场执法提供了合法性依据。

(二) 关键:法制审核

对电子数据的法制审核是确保城管非现场执法具有合法性、公正性的关键环节。在非现场执法中,大量的证据以电子数据的形式存在,如监控视频、照片、电子记录等。这些电子数据需要经过严格的审核,才能作为执法的依据。《浦东规定》第十条明确,"浦东新区城管执法部门应当审核视听资料、电子数据记录的内容是否符合真实、清晰、完整、准确的要求。未经审核或者经审核不符合要求的,不得作为行政处罚的证据。"

证据审核主要是审核数据的真实性、合法性、关联性。电子记录数据必须具有真实性、合法性、关联性,并经查证属实,才能作为定案的根据。其中,真实性审核主要审核电子数据是否真实可靠,是否存在篡改、伪造等情况,并可以通过技术手段对电子数据的完整性和原始性进行验证;合法性审核主要审核电子数据的采集是否符合法律规定,是否经过合法授权等;关联性审核主要审核电子数据与违法行为之间是否具有关联性,能否证明违法行为的存在。

为确保证据审核的严肃性,切实维护行政相对人的合法权益,浦东城管数据审核部门对电子数据实行二次审核:技术审核和法制审核。技术审核主要审查数据是否符合开展非现场执法的技术要求,包括照片或视频的清晰度、违法事实的真实性和危害程度;法制审核主要审查数据的合法性,包括证据的合法性、关联性、准确性等。二次审核未通过的,案件即撤销或中止。

(三)保障:非诉执行

通过对公安交警非现场执法过程的研究发现,公安交警之所以能够较为顺利地实施全流程非现场执法,形成非现场执法闭环,一个重要原因是设置了驾驶证年检积分制度。根据《机动车登记规定》,"机动车所有人申请检验合格标志前,应当将涉及该车的道路交通安全违法行为和交通事故处理完毕。"这一制度要求驾驶人员必须履行完毕公安交警的处罚,才可以申领相关标识标志,从而为交警的非现场执法提供了强制性保障。

然而,城管执法部门自身并不具备类似的条件,缺乏使行政相对人自觉履行处罚的保障制度。在城管执法过程中,不时会出现因暂扣行政相对人的设摊工具、设摊或外摆售卖物品等行为而引发的矛盾冲突,甚至暴力事件。为什么城管执法往往要采取这种容易引发冲突的"暂扣"方式呢?除了因为要对一小部分违法行为进行立即整改外,更大的原因是暂扣物品可以成为保证违法行为人履行处罚义务的"抵押物",城管执法部门在不实施"暂扣物品"行为的情况下,较难要求当事人主动履行处罚义务。根据《中华人民共和国行政强制法》的规定,行政强制执行分为有强制执行权的机关和没有强制执行权的机关。前者如税务、公安等,可以直接通过法律赋予的手段对处罚进行执行;而城管部门显然属于后者。在大众的认知中,城管部门的"暂扣物品"行为是一种强制措施,而非强制执行。因此,从本质上讲,城管部门对"拒不执行"的当事人是缺乏有效的制约手段的。

《浦东规定》未对执行做出专门性规定,主要是因为强制执行属于法律保留事项,突破《中华人民共和国行政强制法》专门赋权城管部门直接的强制执行权的需求性和必要性并不强。对于金钱给付类的处罚决定不履行等行为,依据《中华人民共和国行政强制法》中的非诉执行即可实现,虽然在实践中,各单位据此行使执法权的情形也较少。非诉执行,即非诉行政案件执行,是指行政执法机关对公民、法人和其他组织做出具体行政行为后,行政相对人出现"三不"(不复议、不起诉、不履行)的情况下,行政机关可以申请人民法院强制执行。人民法院经审查作出准予执行的裁定后,通过执行程序使行政机关的具体行政行为得以实现。

尽管法律条文和法学理论都很清晰,但真正发挥功能还需要看实际执行情况,因为法律的生命力在于实施,法律的威慑力在于执行。浦东城管与法院保持着良好的沟通,建立了非现场执法案件非诉执行的有效机制,以签订文书的形式建立了协作机制,其中包括日常联络制度。明确成立专项联络室,通过相关执法办案以及非诉执行的相关问题处理,增强沟通联络,既强化了司法对于非现案件的监管,又推动了非诉执行工作的效率。

目前,非诉执行已成为浦东城管非现场执法的重要保障,可以确保行政处罚决定得到有效执行。这一机制不仅减少了城管执法中的矛盾冲突,而且提高了执法效率和公信力。未来,其他城市的城管部门可以借鉴浦东的经验,结合本地实际情况,建立健全类似的非诉执行机制,以更好地应对城市管理中的挑战。

四、非现场执法的程序规定

为确保城市管理领域非现场执法的规范公正,实现对行政相对人的最大化权益保护,浦东城管执法部门出台了《浦东城管非现场执法实施细则》,对浦东城管非现场执法的程序和权益保护做了严格规定。

(一)规范的程序

浦东城管非现场执法的主要流程包括:

(1)**电子数据采集与处置**。电子技术监控设备(固定式或移动式)和通过执法记录仪等智能化信息化设备采集的违法行为的照片、视频等数据,实时上传办案系统,办案系统自动生成《立案审核表》。

(2)**电子数据审核**。数据审核部门负责对办案系统接收的违法行为照片、视频等数据进行二次审核:技术审核和法制审核。技术审核通过后,推送法制审核。技术审核主要审查数据是否符合开展非现场执法的技术要求,包括:照片或视频的清晰度;违法事实的真实性和危害程度。法制审核主要审查数据的合法性,包括:证据的合法性、关联性、准确性等。审核未通过的,案件撤销或中止。

(3) **处罚事先告知**。法制审核通过后,办案系统制作《行政处罚事先告知书》并送达,同时,办案系统通过短信和语音电话发送《执法文书送达通知单》,予以提醒。

(4) **陈述申辩**。行政相对人收到《行政处罚事先告知书》后,如有异议,可按相关文书告知的时限、地点和方式,进行陈述申辩。对陈述申辩处理的结果,办案系统发出《非现场执法陈述申辩反馈单》,向行政相对人予以反馈。

(5) **作出决定**。一是无异议。行政相对人在收到《行政处罚事先告知书》后,对违法事实、法律依据、拟处罚结果等无异议并通过互联网应用程序予以确认的,办案系统自动发出《不予行政处罚决定书》或《行政处罚决定书》并送达。二是提出异议。行政相对人在收到《行政处罚事先告知书》后,对违法事实、法律依据或拟处罚结果等有异议的,可按相关文书告知的时限、地点和方式,进行陈述申辩。行政相对人提出异议并被采纳的,本案件撤销;部分被采纳的,根据采纳结果依法办理;未被采纳的,在期限届满后发出《不予行政处罚决定书》或《行政处罚决定书》并送达。三是未提出异议。行政相对人逾期未作陈述申辩的,视为无异议,期限届满后发出《不予行政处罚决定书》或《行政处罚决定书》并送达。

(6) **履行罚款**。行政相对人在收到《行政处罚决定书》后,对于行政处罚无异议的,可以通过互联网应用程序缴纳罚款,也可以前往指定代收银行缴纳罚款。行政相对人未及时履行罚款义务的,办案系统将予以提醒。

(7) **强制执行**。行政相对人收到《行政处罚决定书》后,在法定时间内不履行罚款义务,办案系统发出《行政决定履行催告书》。催告后,行政相对人仍未履行罚款义务的,依法申请人民法院强制执行。

(二) 权益的保护

浦东城管在推进非现场执法工作中,坚持审慎稳妥原则,特别注重对行政相对人的权益保护。浦东城管保护行政相对人权益的主要举措是:

(1) **公示告知**。利用政府网站、微信公众号、随申办等多种传播渠道,将非现场执法相关的执法事项、适用范围、固定和移动式电子技术监控设备安装情形、救济方式、隐私保护等内容告知行政相对人。

(2) **陈述申辩权**。行政相对人收到《行政处罚事先告知书》,可以通过互联网应用程序或到指定窗口提出陈述申辩。行政相对人到受理窗口提出陈述申辩的,执法人员应当受理。当场能够答复的,应当及时答复;当场不能答复或答复不满意的,将陈述申辩情况于当日上报数据审核部门。行政相对人在互联网应用程序上提出陈述申辩的,数据审核部门应当及时处理,并将是否采纳的结果告知行政相对人。行政相对人提出的事实、理由或者证据成立的,应当予以采纳;不得因行政相对人陈述申辩而给予更重的行政处罚。

(3) **不予处罚规定**。行政相对人确有违法行为,经教育劝阻及时改正,且符合《中华人民共和国行政处罚法》《上海市浦东新区城市管理领域非现场执法规定》以及配套自由裁量基准的,不予处罚。

(4) **防止"一事二罚"**。执法队员现场巡查发现适用非现场执法事项的违法行为实施当场处罚的,须通过区"城管执法通"APP将有关违法行为的照片、视频等证据材料、处罚文书等,上传办案系统备案。办案系统将自动比对、审核,防止对同一违法行为实施当场处罚与非现场执法处罚的"一事二罚"。

(5) **信息安全保护**。浦东城管制定了信息和数据安全保护规定,对获取的行政相对人的个人信息、隐私或者商业秘密,仅限于执法机关执法和办案使用,浦东新区城管执法部门及其工作人员应当严格保密,不得泄露、出售或者非法向他人提供;违反规定的,由区城管执法局责令改正,并依法对直接负责的主管人员和其他直接责任人员依规依纪给予处分。

五、思考与启示

浦东城管作为全国非现场执法实践的先行者,通过执法创新重塑着基层执法生态,同时驰而不息地通过技术赋能城市管理,深挖巨大潜力。为了深入构建人机协同的智慧执法体系,浦东城管基于现有实践成果和技术支撑,从非现场执法的持续运作、拓展应用及暂不适用的执法事项领域三个方面展开深入探讨,系统论证了下一步非现场执法在不同执法场景中的发展路径。

(一)需要持续运作的执法事项领域

目前,非现场执法在超出门窗和外墙经营、占道设摊、占道洗车、工程渣土运输车辆违规等领域已建立起相对成熟的模式,且成效较为明显,应持续深化。

从成本效益理论来看,持续在这些领域推行非现场执法,能以较低的执法成本获取较高的管理效益。以超出门窗和外墙经营为例,目前已完全借助视频监控设备实现非现场执法,对商户施行实时、不间断监控,一旦发现违规,系统能迅速记录证据并启动执法程序,大大提高了执法效率,降低了人力成本。同时,这样的监管力度也对违规商户形成持续威慑,促使其自觉遵守规定,减少违规行为的发生,从而维护良好的街面秩序,提升城市商业环境的规范性和整洁度,带来显著的社会效益。

在占道设摊和占道洗车治理方面,也已经能通过智能监控设备,精准识别占道行为的发生时间、地点和主体,并依据相关法规,及时跟进并对违规者进行处罚和教育,实现非现场执法,有效遏制了此类违法现象蔓延。从城市空间管理角度出发,非现场执法更为合理地规范这些行为,可以确保城市公共空间得到有效利用,保障市民的通行权和城市环境的整洁美观,对于提升城市的整体形象和居民生活质量都具有重要意义。

在工程渣土运输车辆违规问题方面,借助与交警部门的数据共享,利用电子监控设备以及信息化管理平台,浦东城管实现了对车辆运输过程的全程监管,对未采取密闭或覆盖措施、运输中产生泄漏等违规行为,能够及时发现并依法处理,实现非现场执法。这不仅减少了渣土运输对城市环境的污染,降低了道路扬尘,保障了空气质量,还避免了因物料泄漏引发的交通安全隐患,维护了道路的安全畅通。持续在该领域开展非现场执法,有助于建立长效管理机制,能有效促进工程渣土运输行业的规范化发展。

(二)可尝试拓展应用的执法事项领域

1. 住宅小区违法监管

在住宅小区治理中引入非现场执法,具有极大的现实需求。从社区治理和城市居民生活质量提升的角度来看,作为居民生活的重要场所,住宅小区的环境秩序直接关系到居民的幸福感和安全感。因此,浦东城管尝试提出利用小区监控设施和算法对违法搭建、破坏房屋外貌、占绿毁绿等行为进行实时发现和处理。这一大胆设想旨在通过先进的图像识别算法,由监控设备自动识别小区内的异常建筑活动、绿化破坏等情况,并及时通知执法人员。此举将大幅提高执法的及时性,还能在违法行为初期进行制止,避免对小区环境和居民权益造成更大损害。

此外，可尝试通过数据比对，科学分析居民出入信息、用水用电数据，以筛选涉嫌违法居住的场所。这也是大数据技术在城市管理中的应用价值。从数据挖掘和分析的角度，这些数据能够较为精准地反映居民的生活规律和居住情况。例如，若某房屋用水用电量在短时间内出现异常波动，且与正常居住模式不符，结合门禁系统记录的人员出入信息，可初步判断该房屋是否存在群租等违法居住行为。这种基于数据驱动的执法方式，相比传统的人工排查，更加精准高效，能够更及时地发现潜在的违法行为，保障小区居民的合法权益和居住环境的安全舒适。

2. 城市"五乱"行为治理

城市"五乱"行为，即乱张贴、乱涂写、乱刻画、乱悬挂、乱散发，严重影响城市的美观和环境卫生，一直是城市管理中的顽疾。从城市形象塑造和公共空间管理的角度来看，利用非现场执法手段治理"五乱"行为具有迫切性和必要性。

浦东城管提出利用智能感知设备自动捕捉"五乱"行为的工作设想，结合OCR识别技术获取相关信息，并运用AI智能语音电话制作询问笔录，以短信形式责令当事人改正。这一设想充分利用了现代信息技术的优势。OCR识别技术能够快速准确地识别"五乱"行为中的文字信息，为执法提供关键线索；AI智能语音电话和短信通知则实现了执法信息的快速传递，提高了执法效率。

对于逾期未改正的行为，执法人员可代为清除并进行处罚，同时打通暂停通信工具号码的网上通道。这一举措将显著增强执法威慑力。从法律执行的角度来看，这种间接强制执行手段能够有效促使当事人遵守规定，主动纠正违法行为。通过非现场执法的持续监管和严厉打击，将对"五乱"行为的发生产生持续的威慑力，从而有效恢复城市公共空间的整洁美观，提升城市的整体形象和文明程度。

3. 需要专业检测判断的违法行为（以环境监测为例）

在生态环境领域，对于一些需要专业检测判断的违法行为，虽然目前实现非现场执法仍存在一定挑战，但随着技术的发展，这一领域仍具有拓展应用的可能性。以施工工地未采取有效防尘降尘措施造成环境污染为例，传统的现场检测方式虽能获取精准数据，但存在效率低、覆盖面有限等问题。而随着物联网、传感器技术的不断发展，可尝试在工地安装智能环境监测设备，实时采集扬尘浓度、颗粒物成分等数据，并通过无线传输技术将数据上传至执法部门的监管平

附件

上海市人民代表大会常务委员会公告

《上海市浦东新区城市管理领域非现场执法规定》已由上海市第十五届人民代表大会常务委员会第三十六次会议于2021年10月28日通过，现予公布，自2021年12月1日起施行。

上海市人民代表大会常务委员会
2021年10月28日

上海市浦东新区城市管理领域非现场执法规定

（2021年10月28日上海市第十五届人民代表大会常务委员会第三十六次会议通过）

第一条 为了规范城市管理领域非现场执法工作，提高城市管理科学化、精细化、智能化水平，提升城市治理能力和治理成效，根据法律、行政法规的基本原则，结合浦东新区实际，制定本规定。

第二条 本规定适用于浦东新区城管执法部门运用非现场执法方式对违法行为进行查处的相关工作。

本规定所称的非现场执法，是指运用现代信息技术手段收集、固定违法事实，采用信息化等方式进行违法行为告知、调查取证、文书送达、罚款收缴等的执法方式。

第三条 浦东新区人民政府负责统筹协调有关部门推进非现场执法工作。

浦东新区城管执法部门负责非现场执法具体推进以及业务指导和监督，依托"一网统管"平台推动非现场执法工作。浦东新区发展改革、科技经济、公安、财政、人力资源社会保障、规划自然资源、市场监管等部门在各自职责范围内履行相关职能，为非现场执法工作提供协助与保障。

浦东新区街道办事处、镇人民政府负责完善本辖区社会各方共同参与的共建共治共享基层治理格局，开展城市管理领域非现场执法工作。

第四条 浦东新区城管执法部门查处城市管理领域多发易发、直观可见且依托信息化设备设施能够辨别、易于判断的违法行为,可以实施非现场执法。

浦东新区人民政府应当编制非现场执法事项清单,在政府网站公布,并及时动态调整。

第五条 浦东新区城管执法部门开展非现场执法工作应当依法行政,规范执法流程,坚持公平公正,做到高效与便民相一致、处罚与教育相结合、法律效果与社会效果相统一。

第六条 浦东新区城管执法部门开展非现场执法工作应当为当事人政策查询、陈述申辩、权利救济、责任履行等活动提供便利,充分保护当事人的合法权益。

第七条 浦东新区城管执法部门可以在道路、广场等公共场所以及具备条件的社区公共区域,利用电子技术监控设备收集、固定违法事实。

电子技术监控设备的安装使用应当经过法制审核和技术审核,确保电子技术监控设备符合国家标准或者行业标准。电子技术监控设备应当定期维护、保养、检测,保持功能完好。

电子技术监控设备分为固定式和移动式。固定电子技术监控设备设置的地点应当有明显可见的标识标志,并向社会公布。移动电子技术监控设备应当安装在统一标识的车辆上,监控区域应当向社会公布。

第八条 浦东新区城管执法部门应当建立相关信息数据库和信息平台,与区公安、市场监管、民政、住房管理等部门建立信息互通共享机制。

浦东新区城管执法部门应当依据必要合理原则,依法规范采集行政相对人的相关主体身份信息,并对采集的个人信息按照有关法律、法规进行处理。

浦东新区街道办事处、镇人民政府应当发挥基层治理机制作用,协助城管执法部门落实基层信息规范采集和依法按需共享制度。

第九条 浦东新区城管执法部门可以通过视频、音频等方式开展询问调查。视频、音频询问时,应当表明执法人员身份,告知被询问人相关权利和义务。

视频、音频资料可以替代书面询问笔录。必要时,浦东新区城管执法部门应当对视频、音频资料的形成时间和关键内容等作文字说明。

第十条 浦东新区城管执法部门应当审核视听资料、电子数据记录的内容是否符合真实、清晰、完整、准确的要求。未经审核或者经审核不符合要求的,不得作为行政处罚的证据。

第十一条　浦东新区城管执法部门依据审核确认的证据，拟作出行政处罚的，可以采用电子邮件、短信、互联网应用程序、"一网通办"平台等信息化方式将违法事实、拟处罚内容、陈述申辩途径等告知当事人，要求其在指定时间内接受处理。

第十二条　浦东新区城管执法部门应当设置指定处理窗口，并采取信息化等方式为当事人陈述、申辩提供便利。

浦东新区城管执法部门应当及时对当事人提出的事实、理由和证据进行复核。当事人提出的事实、理由或者证据成立的，应当予以采纳，不得因当事人陈述、申辩而给予更重的行政处罚。

第十三条　浦东新区城管执法部门在非现场执法案件中制作的法律文书，可以使用电子公章和电子签名。

经当事人同意并签订确认书的，浦东新区城管执法部门可以采用电子邮件、短信、互联网应用程序等信息化方式送达行政处罚决定书等相关法律文书。

第十四条　当事人可以通过电子支付系统缴纳罚款。浦东新区城管执法部门应当开通电子支付系统缴纳罚款的途径，并出具财政部门统一制发的专用电子票据。

第十五条　对当事人的违法行为，浦东新区城管执法部门应当通过短信告知或者语音电话等方式进行劝阻教育，责令及时改正；当事人及时改正且违法行为轻微的，不予处罚。

第十六条　浦东新区城管执法部门应当制定信息数据保护规范，建立信息数据安全管理机制和信息数据查询制度，明确本单位工作人员的查询权限和查询程序，加强信息数据安全保护。

对于履行职责中知悉的当事人的个人信息、隐私或者商业秘密，浦东新区城管执法部门及其工作人员应当严格保密，不得泄露、出售或者非法向他人提供。

违反前款规定的，责令改正，并对直接负责的主管人员和其他直接责任人员依法给予处分。

第十七条　市城管执法部门应当加强对浦东新区城市管理领域非现场执法工作的监督和支持，制定处罚裁量基准，开展业务指导和执法监督。

浦东新区城管执法部门应当加强与相关部门的协同联动，完善前端管理、普法教育、街区包干、行业自治、小区自我管理等多元化治理机制，充分发挥基层组织、社区、物业服务企业等的积极作用,提升城市管理效能。

浦东新区城管执法部门应当加强非现场执法工作的宣传,增强市民自觉遵守城市管理规定的意识,共同维护城市管理秩序。

第十八条 本规定自 2021 年 12 月 1 日起施行。

第三章

分类分级监管和"综合查一次"

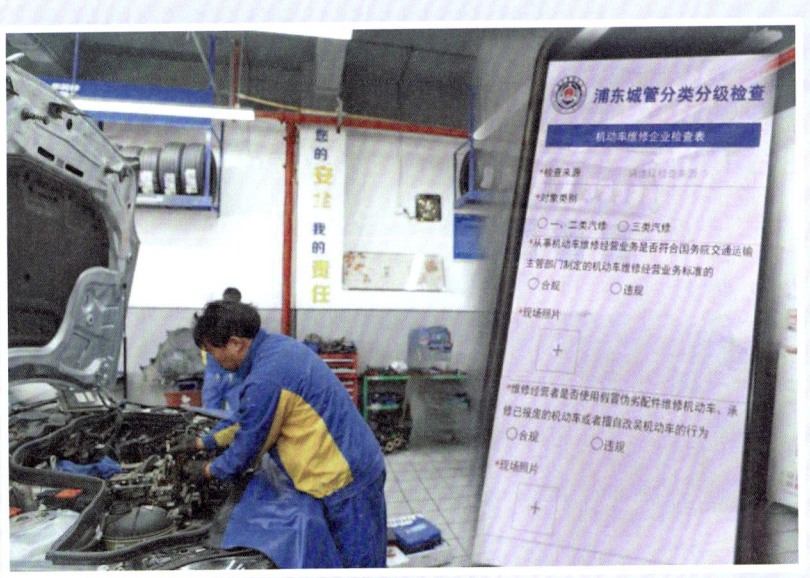

2020年,国务院《优化营商环境条例》和《上海市优化营商环境条例》先后颁布,提出要深化行政综合执法改革,推进相对集中行使行政处罚权,统筹配置行政执法资源。更是明确对市场主体实行差异化分类监督管理,对轻微违法违规经营行为实行包容审慎监管,对直接涉及公共安全和人民群众生命健康等特殊行业、重点领域,依法实行全覆盖全过程重点监管。在此背景下,浦东城管在城市管理领域积极探索,依据对象的性质、特点、风险等级等因素进行科学分类,并据此实施不同层级、不同频次的执法监管措施,创新性地试水实践综合执法体制下的分类分级执法模式。

2022年,在早期"颜色管理"模式基础上,《浦东新区城市管理综合行政执法领域分类分级执法工作规定》正式出台,构建形成分类分级执法检查工作的"1+1+N"制度体系框架,实现城市管理综合行政执法体制下分类分级执法的制度化、体系化和规范化。

一、分类分级监管

分类分级监管,是指城管执法部门将辖区内执法对象根据所属行业发生违法行为可能造成的危害程度进行分类,根据具体对象是否存在易发、高发违法行为等因素初始定级,并以类级为依据依法实施差异化执法检查的行为。这里所称的执法对象,是指浦东城市管理行政执法涉及的市容环境卫生管理、建设管理、房屋管理、环境保护管理、水务管理、城市交通管理、城镇燃气管理等领域中,有固定生产、经营和办公场所,可开展日常上户检查的个体工商户、法人、其他组织。分类分级执法的本质,是将市场主体依其风险性和危害度实行差异化监管,通过精准执法、智能执法,引导企业合法经营。

(一)数据库的建立和维护

在现代城市管理中,数据扮演着决策基石与执法依据的双重角色。对于城管执法工作而言,掌握准确、全面的监管对象数据信息,不仅能够深入了解辖区内的执法现状,还能显著提升执法的精确性和效率。作为分类分级开展执法监管的前提与基础,构建一个准确、规范的监管对象数据库显得尤为关键。通过建立和管理监管对象数据库,可以更加高效、准确地获取和更新执法对象的信息,为后续的执法工作提供有力的数据支持。

1. 数据建库

建立严格的建库申请审核机制。由建库责任主体(相关业务支大队)填报建库申请表,明确建库的具体需求、执法对象的基本概况(包括字段信息、对象规模、标准化标签等),以及执法对象数据的来源、更新周期,同时明确对象运维、检查及监管的责任主体。经业务、技术双重研判、层级审核通过后,进入建库流程。

2. 数据入库

区城管执法部门、街道、镇综合行政执法机构通过自行采集、管执联动、信息共享等多种方式获取执法对象数据信息。执法队员自行采集的,通过移动执法终端的信息采集系统进行信息填报,并实时上传城管执法数据中台,经数据中台审核后入库;通过管执联动、信息共享等方式获取信息的,由数据中台整理审核后入库,确保数据库的准确性和规范性。

3. 数据运维

制定执法对象数据库维护和更新机制,确保数据库的动态更新。坚持"谁检查、谁运维"原则,执法队员在执法检查过程中,发现执法对象的信息与数据库不一致时,通过移动执法终端的信息采集系统,及时予以新增、修正或关闭。建立完善数据库安全管理制度,并制定执法对象数据库日常核查机制,维护城管执法对象数据库的全面性、准确性与实时性,为分类分级执法的开展提供强有力的支持。

(二)执法对象的科学分类与分级

1. 行业分类

根据各行业对象在发生违法行为后可能带来的危害程度,将执法对象划分为高危、中危和低危三类。其中,涉及重大公共安全、人民生命健康、重大生态环境问题,一旦违法可能造成严重危害后果的,比如燃气行业、危险品运输、仓储、石油化工等行业,为高危行业;涉及公共秩序、环境秩序,一旦违法可能造成较大危害后果的,比如公交出租、建设工程、医疗卫生、水、热、电供应等,为中危行业;其他违法后果一般的行业,归为低危行业。

同时,建立行业分类动态调整机制,对发生行业规划调整、行业技术革新、管理要求改变等动态因素的,定期评估、调整分类,也可依行业组织申请审核后调整分类。

2. 对象分级

在分类的基础上，初始风险定级根据业态特点设定静态指标，包括经营规模、经营范围、经营规范情况、区域敏感性等。比如装修垃圾中转站的风险等级，按照审批备案情况和规模两项指标来衡量，如果是镇自行审批且规模较大的，风险等级就较高；房产中介的风险等级则相反，规模越大，风险越小。再比如生态环境所涉诸行业，风险等级直接对标管理等级（排污许可重点管理、排污许可简化管理、排污登记管理），污染物产生量、排放量越大，排放因子越易对环境造成明显影响的，初始风险等级就越高。

分类分级中，低风险执法对象的名录应全部予以公开公示，中风险、高风险执法对象应单独告知。分级管理有助于执法队伍更精准地识别执法对象的风险等级，从而采取更有针对性的监管措施，确保执法工作的高效与准确。

对执法对象等级的设置，不是一成不变的。随着日常检查的开展，根据执法对象违法行为性质和发生频次的变化，执法对象的等级也会动态上升或者下降；而执法对象一旦发生行业事故的，将会被直接上调为高风险等级。

截至2024年，已录入分类分级数据库的执法对象，涉及45个行业数据库，26 150个监管对象。其中，高危行业10个，中危行业16个，低危行业19个；高风险对象359个，中风险对象9 686个，低风险对象16 105个。

（三）检查方式和频次设定

1. 检查方式

根据不同的执法对象，应采用不同的检查方式以确保执法的全面性和有效性。对于纳入管理的固定执法对象，原则上应采用全覆盖检查的方式，即：对处于同类同级的执法对象，在一个检查周期内，对每个执法对象都进行一次检查。

对于已经成功实现在线监管、视频监控，或已经实施严格源头管控的执法对象，基本以"双随机"检查为主，即：随机抽取检查对象、随机选派执法检查人员开展检查。如对中低风险液化气餐饮用户的监管，就以企业日常监管加"双随机"执法检查为主要的检查方式。

当然，对于某些特殊类型的执法对象，特殊情况下可以叠加不定期的执法检查。如在某个区域水域环境突然恶化的情况下，对该区域的排污企业可能需要叠加专项检查。再如特殊时期的空气污染防治检查，春运期间的客运站检查等，都需要叠加专项检查。此外,对于信访投诉所涉及的执法对象,按照信访投诉的程序与要求及时进行现场核实与检查,针对特定问题或风险点及时检查,发现并纠正违规行为,防止潜在的安全隐患或违法事件发生,属于日常执法检查的例外情形。

2. 检查频次

依据执法对象分类分级情形,设定执法检查频次的基准和规范,确保执法资源的有效配置。

首先,设定检查频次的基准。行业管理部门制定有标准的,原则上按其规定设定该类对象的检查频次基准;根据工作需要调整的,原则上调整后的基准应高于行业标准。行业管理部门没有制定相关标准的,检查频次基准由区城管执法部门依据执法实际予以设定。

其次,对不同风险等级对象的检查频次,比照基准上调或下浮。为求检查频次的科学和合理,检查频次上浮或下调的比例,均需充分考虑日常执法需求、条线监管要求以及监管主体工作量等因素。一般来说,高风险对象的执法检查频次应当高于该行业执法检查频次基准;中风险对象的执法检查频次一般等于该行业执法检查频次基准;低风险对象的执法检查频次应当低于该行业执法检查频次基准。

最后,对于连续三年都保持为低风险且零违法的中危、低危执法对象,予以其后两年"免检"的待遇(适用"双随机"检查的除外);对于连续三年处于高风险的执法对象,可以叠加专项检查、联合监管等。

对于各类级执法对象所对应的执法检查频次,浦东城管均制作了清单予以公示。

(四) 等级(检查频次)的动态调整

以分类分级执法检查结果作为日常动态升级、降级的唯一指标,除此之外的其他条件不影响正常升级、降级。设置动态调级规则为:一般情况下,检查发现一次较重违法行为或连续两次检查均发现有一般违法行为的,风险等级上调一级;低风险对象在同次检查中被发现有三项及以上较重违法行为的,风险等级上调为高风险。连续两个检查周期没有发现违法行为的,风险等级下调一级;高风险对象连续三个检查周期没有发现违法行为的,风险等级下调为低风险。执法对象一旦发生行业事故,直接上调为高风险等级。

以危险化学品运输行业为例,在行业分类时考虑到该行业涉及危险化学品的运输,生产经营活动存在着高度的危险性,在综合考量行业的特殊性、风险性及其潜在后果的严重性后,将其界定为高危行业,要求其必须严格遵守监管要求,确保运营安全,保证人员生命财产安全及社会环境免受损害。截至目前,在库纳管的70户危险化学品运输经营企业中,高风险对象1个,中风险对象5个,低风险对象64个。每个对象按照自然年月时间,在月初自动生成检查任务。对于在检查中发现企业存在违法行为的,系统将动态调整该对象的风险等级,然后按照新的风险等级所对应的检查频次,在下个任务周期开始时自动生成新的检查任务。

(五)数字化应用

为开展分类分级执法,提供智能、便捷、实用、规范的操作平台,不断提升分类分级执法的智能化应用水平,浦东城管系统整合对象数据、生成任务、派发任务、执法检查、立案办案、动态调级、动态调频等功能,形成了分类分级"1+2"智能应用体系。

"1"是指手持终端,即执法队员日常开展现场检查时使用的工作手机。在手机上,执法队员可以查询对象信息(基础信息、被处罚信息、等级调整信息等)、查看任务工单、排定检查计划、对照检查表单开展执法检查,并且能够在有需要的情况下查看法律法规、执法指引和检查指引。

"2"是指执法信息平台和案件办理平台。执法信息平台是体现执法检查情况的智能化平台。一方面,执法信息平台对应手机端建立了智能化的工作闭环流程:对新采集对象或通过其他途径入库的对象,实现自动归类、自动定级并匹配相应的检查频次;每个周期首日自动完成任务派发,通过智能化手段督促执法人员按期检查;对于执法对象达到升级或降级条件的,检查次日自动升(降)至新的级别,并在下一周期自动生成检查任务。另一方面,执法信息平台作为一站式的数据管理平台,还具有系统展示、动态监测、统计分析、预警提示、视频匹配等功能,更加清晰直观地展示了部门工作进展和执法对象动态趋势,实现了执法效能的动态监测和现场执法情况的事中事后研判。

案件办理平台是执法检查后开始案件办理的系统。执法队员现场检查发现有违法行为的,在手机端的检查表单上进行记录后,对应的执法相对人基础信息、违法事项及法律法规条款会自动跳转至案件办理平台,可以直接进行立案及后续调查取证,此外,其所提供的执法相对人所处类级也会便于作为处罚自由裁量的参考依据。

二、"综合查一次"

(一)实质内涵:进一次门,查多件事

浦东城管"综合查一次",是指对涉及浦东城管执法领域两个专业以上的同一监管对象,由一个执法主体牵头实施,实行"综合查一次"的监管模式。

浦东城管"综合查一次"与当前各地执法部门开展的"综合查一次"最本质的区别,在于执法主体是否为一个。

长期以来,执法事权是界定部门之间职责边界的唯一依据,不同部门之间的职责划分依据,是具体的执法事项。而实践中,同一监管对象往往会涉及不同领域的执法监管事项,这就是造成多头执法的根本原因。为解决这一问题,各地执法部门纷纷尝试"综合查一次",一般便是指几个部门联合起来开展"进一次门,查多件事"的综合执法检查。

而浦东城管为何可以做到真正意义上的"综合查一次",关键在于其得天独厚的综合执法体制。同样的"综合查一次",其他省市需要由几个部门联合组织开展,而在浦东城市管理综合执法领域,能够实现将同一对象在不同执法领域的"分身""合多为一",合理设置检查内容,精准匹配检查频次,真正对同一监管对象实现"一支队伍、一次上门、全量检查",针对性减少对市场主体正常生产经营活动的不必要干扰,提升执法监管效能,切实优化营商环境。

以餐饮行业为例,在综合监管场景建立之前,一般餐饮企业可能会涉及餐厨垃圾、餐厨废弃油脂、燃气液化气安全使用、生活垃圾分类、油烟净化、污水排放等方面的日常监管和检查,如果该企业是沿街商户,还会涉及门口环境卫生责任管理,特殊情况下,还会涉及户外广告设施设置、空调外机安装、违法建筑甚至居改非、非改居等事项或问题。就浦东城管原监管模式来说,餐厨垃圾、废弃油脂属于市容执法大队监管内容,燃气液化气安全使用属于交通执法支队监管内容,油烟、污水排放属于生态环境和水务执法支队监管内容,而门责管理、生活垃圾、空调外机、违建等则属于属地中队监管内容。因此,单就浦东城管监管领域,一家餐饮企业可能会面临四支队伍的连续上门检查,无形中增加了商户的运营负担,造成对商户不必要的干扰。将量大分散的餐饮企业作为综合监管对象之后,

依据属地就近原则和事项比例归集规则,将涉及餐饮企业的常见执法事项全部指定由属地街镇执法队开展日常执法检查,完成一次上门,全量检查,不仅提高了执法监管效能,也减少了对餐饮企业正常经营的不必要干扰。

(二)"综合监管场景"的具体实践

浦东城管综合监管场景实现了执法事项的高效整合,检查频次的优化配置、勤务模式的完善合理,既避免了一般意义上综合监管所固有的执法事项单纯叠加的弊端,又通过分类分级执法做到了专业执法与结构优化重组,充分实现了执法职责、执法资源、执法组织优化互补后的"化学融合",切实有效提高了执法效能,为优化营商环境提供助力。

1. 综合监管场景的设立

(1)梳理并明确综合监管场景的类目和对象。根据市容城建、房屋管理、生态环境、水务、交通、土地、规划等领域的执法事项,建立涉及两个以上领域执法事项的综合监管对象目录。

(2)科学确立综合监管场景的牵头部门。主要依据以下四项原则:一是重要执法事项吸收一般执法事项原则;二是专业性、技术性较强执法事项吸收简单执法事项原则;三是较多执法检查事项吸收较少执法检查事项原则;四是特殊指定原则,即特殊情况下,如果按照前三项原则无法直接确定牵头部门的,也可以由勤务部门直接根据工作需要指定。

此外,按照"成熟一批,推进一批"原则,逐步扩展综合监管范围。截至目前,浦东城管先后推出机动车维修企业、内河港口码头、建设工程、燃气站点、建筑垃圾资源化利用场所、内河航道、货运场站、装修垃圾中转站、生活垃圾中转站、废品回收和餐饮行业等11类综合监管场景。

2. 综合监管的实施

一是建立综合监管对象信息数据库,并建立信息数据库的维护机制,确保数据库的实时更新。

二是结合监管对象所在行业对应的执法事项,合法、合理设置检查内容,形成综合监管执法检查表单。

三是根据《上海市浦东新区城市管理综合行政执法领域分类分级执法工作规定》,合理设定检查频次和风险调级规则。

四是建立综合监管执法检查规范,落实执法检查工作责任制,根据"综合查一次"执法检查要求,规范开展执法检查。

五是加强内部和外部协作联动,建立健全内部信息共享、线索移送、案件办理、问题处置机制,市、区执法部门协调沟通机制以及管执联动机制,建立疑难复杂案件跨部门综合研判和会审机制。在开展综合监管的过程中,涉嫌违法违规行为如发现属于其他部门监管职责的,应固定相关线索证据,并按程序及时移交相关部门处置。

此外,开展综合监管还应当遵守法定的行政执法程序,落实行政执法公示、执法全过程记录、重大行政执法决定法制审核等基本制度,坚持依法行政,做到规范文明执法。

3. 综合监管实施的保障

将市容、建设、房管、环保、水务、交通、规土、燃气等多个专业领域的事项集中在一张执法检查表单中,由一支队伍综合执法,看似简单,实则不易。具体来说,要做到综合监管,需要以下三个条件同时具备:

(1) 科学划分专业支大队、街镇中队的执法界面。在"资源整合,力量下沉"的基础上,制定《执法事权划分工作手册》,合理划分专业支大队与街镇综合执法队间的执法界面。一是按照与执法专业性、规范性相匹配的原则,充分发挥综合执法优势,实现相近执法领域执法事项由一个队伍处置;二是按对象划分执法界面。

(2) 培训带教匹配综合监管场景的"全科医生"。综合执法意味着,不仅要从"事项综合"到"队伍整合",还要切实从执法队伍"九龙治水"到执法队员"一专多能"。为此,一要充分发挥城管学校平台作用,开设各类"专业班",通过授课培训、现场带教等形式,迅速培养出一批针对不同行业对象进行执法检查的"行家里手"。二要针对不同监管场景的行业特点、涉及执法领域和执法事项,将执法事项要素和流程进行标准化管理,制定"综合监管场景实施办法""现场执法检查流程图""综合监管执法办案流程图""综合监管场景检查指引",形成不同行业对象的综合监管"一业一册",进一步推动"一支队伍管执法"落地见效。

(3) 完善优化实操性强的检查表单。在细分执法检查事项的基础上,按照不同行业、不同场景需要来制定、匹配科学合理的分类分级综合检查表单。制定检查表单的过程中,明确检查内容应覆盖对应执法领域主要检查事项,按照只需要检查一次的事项、常用检查事项和不常用检查事项等类别做出合理区分,对于检查事项的描述也应尽量清楚、简洁、明了;在检查顺序上,应按照常规检查先后顺序进行排列,或者其他场景化的合理顺序进行排列;每项检查事项后应附有规范检查的注意事项,如该检查事项应检查什么内容,如何检查,如何判断合规还是违规,如确认是违规,如何拍摄取证照片等;每项检查事项后应关联该事项违规后可能涉及的案由。

4. 案例:机动车维修企业综合监管场景

对机动车维修企业所涉及的各领域执法事项、执法办案流程等进行全面梳理,制定机动车维修综合监管工作流程,编制《现场执法检查工作要素图》,制定分类分级标准和等级转换规则,"一揽子"实施交通、环境、市容、燃气等多项执法检查。具体检查流程按照公示区、作业区、餐食区、控烟区、室外区、台账资料区顺序进行。

(1) 公示区。查看是否按规定进行备案,是否在经营场所醒目位置悬挂了机动车维修范围标志牌,是否公示备案证明、收费项目、机动车维修工时定额和工时单价、机动车维修质量保证期,是否按规定使用机动车维修范围标志牌。

(2) 作业区。检查事项如下:

Ⅰ. 维修车间。检查是否使用假冒伪劣配件维修机动车、承修已报废的机动车或者擅自改装机动车,是否配备了废气收集处理装置并正常使用,废气收集处理装置台账是否符合法律法规要求,产生含挥发性有机废气物的生产和服务活动是否在密闭空间或者设备中进行,并按照规定安装和使用了污染防治设施;无法密闭的是否采取措施减少了废气排放。

Ⅱ. 配件仓库。检查是否建立配件登记档案、履行记录义务。

Ⅲ. 危废储存间。检查危险废物储存场所设置是否符合法律法规要求,收集、贮存的危险废物是否按照危险废物特性进行了分类,是否按照规定设置了危险废物识别标志。

Ⅳ. 固废储存间。检查固体废物是否有相应管理制度,固体废物的去向是否符合法律法规要求。

Ⅴ. 机动车清洗间。检查企业是否开展机动车清洗活动,是否办理机动车清洗备案手续,是否占用道路、广场从事经营性车辆清洗活动,机动车清洗设施是否符合《机动车清洗站技术规范》标准,从事车辆清洗、修理,是否采取了措施防止污水外流或者废弃物向外散落,清洗机动车所产生的油污、淤泥及其他污物是否任意排放。

（3）餐食区。检查事项如下：

Ⅰ．餐厨垃圾和废弃油脂。检查企业是否有规模化餐饮，是否设置餐厨垃圾收集容器，是否将餐厨废弃油脂提供给规定以外的其他单位和个人收运或处置，是否放任其他单位和个人收运本单位产生的餐厨废弃油脂，是否按照要求建立餐厨废弃油脂记录台账。

Ⅱ．燃气。检查企业是否使用燃气，是否安装并规范使用燃气泄漏报警器，是否倒置或者横卧使用气瓶，是否加热气瓶或者用明火检漏，是否使用不合格或者与燃气器具不匹配的调压器，是否倒灌液化石油气或者倾倒液化石油气残液。

（4）控烟区。检查经营场所室内区域是否在醒目位置设置统一的禁止吸烟标识和监管电话，是否做好禁烟宣传教育工作，是否向监管部门举报不听劝阻也不愿离开禁止吸烟场所的吸烟者，是否设置任何与吸烟有关的器具，是否对吸烟者进行劝阻，是否落实劝阻吸烟人员或者组织劝阻吸烟的志愿者。

（5）室外区。检查事项如下：

Ⅰ．排污管网。检查是否按照国家有关规定将污水排入城镇排水设施，是否将污水排入雨水管网，是否通过雨水排放口排放污水或者生产性污水外运处理，是否按照污水排入排水管网许可证的要求排放污水，是否向城镇污水集中处理设施排放水污染物，是否符合国家或者地方规定的水污染物排放标准，是否规范设置污染物排放口。

Ⅱ．户外广告。检查企业是否设置户外广告，户外设施是否进行维护保养，是否存在无图案、无文字、灯光显示不全或者破损、污浊、腐蚀、陈旧等情形，是否对存在安全隐患或者失去使用价值的设施及时整修或者拆除，是否以规范汉字为基本的服务用字，招牌、告示、标志牌等需要使用外国文字的是否用规范汉字予以标注。

（6）台账资料区。检查事项如下：

Ⅰ．交通运政类。检查从事机动车维修经营业务是否符合国务院交通运输主管部门制定的机动车维修经营业务标准，是否按规定使用或签发机动车维修竣工出厂合格证，是否提供机动车维修竣工质量检验结果证明，承接机动车二级维护、总成修理、整车修理的是否按规定建立了维修档案并做好维修记录。

Ⅱ．生态环境。检查危险废物是否进行了管理计划备案、转移申报登记、应急预案报备，是否建立危险废物管理台账并如实记录有关信息，是否拥有保存期限不少于五年的台账，是否擅自倾倒、处置危险废物或者将危险废物提供、委托

第三章 分类分级监管和"综合查一次"

057

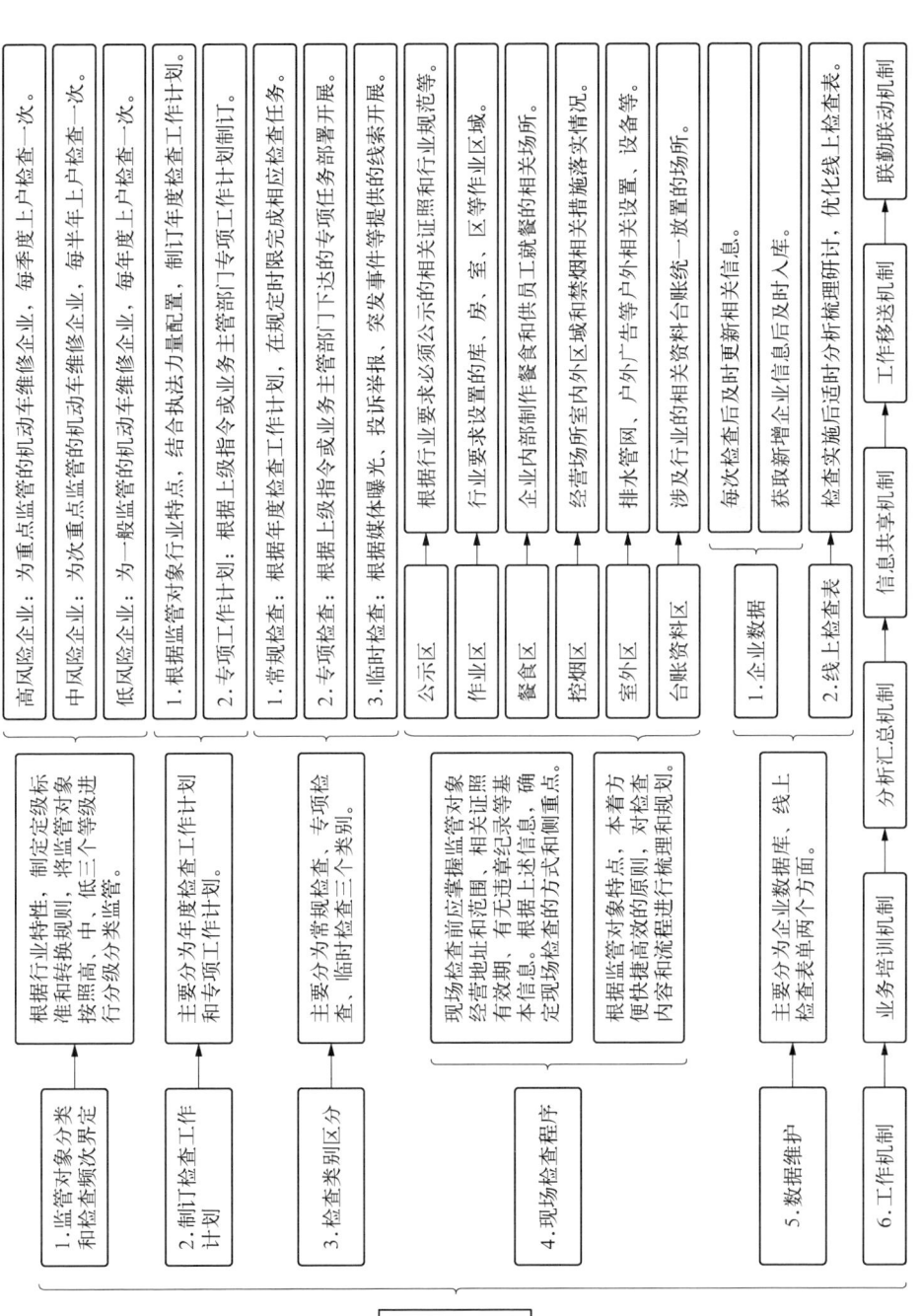

给无许可证的单位或者其他生产经营者从事收集、贮存、利用、处置活动，是否经市生态局批准后方转移危险废物出本市。

Ⅲ. 水务。检查排水户有无未取得污水排入排水管网许可证便向城镇排水设施排放污水的行为，是否根据排污许可证要求开展监测，是否依照许可证要求建立、落实环境管理台账记录制度。

Ⅳ. 市容。检查是否办理餐厨垃圾申报手续，是否缴纳餐厨垃圾处理费，是否违反规定设置户外设施。

三、思考与启示

2024年12月23日，国务院常务会议审议通过《关于严格规范涉企行政检查的意见》，会议提到，要把规范行政检查作为2025年规范涉企执法专项行动的重要内容，并从检查频度和力度、检查主体和检查事项、检查方式和标准程序等方面，进行了明确规定，为各地执法检查工作制定了标准。浦东城管推行的分类分级检查工作也终迎来了"国家认证"。

事实上，浦东城管实行综合执法以前，往往是专业条线、街镇执法队伍各自对所管辖领域、地域开展执法检查，确实存在"多支队伍、多次上门、各查各事"的问题，检查频次、标准更是无法规范统一。而在分类分级检查基础上推出综合监管，这一应用场景彻底突破了领域壁垒，统一了各项检查工作的标准，刷新了"综合查一次"内涵。总体来说，浦东城管分类分级监管、"综合查一次"之所以能跨前一步，并能够扎实有效推行，离不开三要素。

一是，有完善的执法对象数据库作为基础。浦东城管能够分类分级检查和开展综合监管的前提和基础，是对执法对象数据库的梳理和研究。具体来说，首先要有全部执法对象的数据，并按照对象种类建库，其次要丰富完善执法对象的个性字段信息，最后要对同一对象所涉及的执法事项进行梳理归集。在此基础上，才能实现对每个具体执法对象的精准画像。随着执法实践的开展，执法对象基础数据库将不断动态完善，类级划分、场景建设也将不断动态调整，这也是分类分级监管和综合执法场景能够一直保持科学性和合理性的根本原因。

二是，有不断提升的智能化手段作支持。分类分级监管、综合执法场景能够高效实施，必然离不开一定的技术支撑。浦东城管信息化平台经过两年多的建设和发展，按照"一屏观全域、一网管全程、一键呼全员"工作模式，智能化手段在深度和广度方面都有了长足发展。随着"浦东城管"APP、综合执法信息平台的不断完善,数据分析能力的不断提升,监管手段的不断创新,无论是分类分级的自动派单—自动调级—自动匹配检查频次,还是综合监管场景的"一次上门,全量体检",都能够得以有效实现。这样的技术支持既为一线队员的执法实践增效赋能,又用数据有力证明了"无事不扰企业"在浦东城管是切实可以做到的。

三是,有完整的内部闭环监管机制作保障。在明确监管主体责任、做好专业支撑的基础上,一支队伍通过分类分级模式顺利开展综合性执法检查,还离不开完整的内部闭环监管机制,如信息共享、协同处置、案件移送、监督考核等机制作保障。比如,街镇中队在对固定监管对象开展分类分级执法检查时,发现有违法用地或者土壤污染等专业领域的严重问题,在"全科医生"的专业能力不足以全程处置的情况下,规土执法支队、生态执法支队等专业队伍就要发挥其专业优势,配合跟进、支撑;再如,环境执法支队在对工业企业进行分类分级执法检查时,发现有正在搭建的违法建筑,这类需要街镇发挥属地力量快速控制并处置的违法行为,街镇也会第一时间接手。分类分级基础上的"综合查一次",并不是一交了之的执法过程,而是要通过执法实践不断提升各支队伍专业执法和综合执法能力后,才能更加有效实现的。

第五章　附　　则

第十八条　城管执法人员在开展综合监管工作中违反本规定或相关规定，存在不作为、乱作为以及滥用职权、徇私舞弊、玩忽职守等行为的，依规依纪依法追究责任。

第十九条　区城管执法部门应当向社会公开综合监管场景执法监管的执法依据、执法程序、投诉举报受理电话等事项，接受社会监督。

第二十条　本规定由浦东新区城市管理行政执法局负责解释。

第二十一条　本规定印发之日起施行。

附件 2

上海市浦东新区城市管理综合行政执法领域分类分级执法工作规定

第一章 总 则

第一条 为提升城市治理精细化水平,提高城管执法精准度和有效度,保障优化营商环境,依据《中共中央国务院关于支持浦东新区高水平改革开放、打造社会主义现代化建设引领区的意见》《中华人民共和国行政处罚法》《优化营商环境条例》《上海市优化营商环境条例》以及国家、上海市和浦东新区有关规定,结合浦东综合行政执法实际,制定本规定。

第二条 浦东新区城市管理行政执法部门(以下简称区城管执法部门)以及街道办事处、镇人民政府所属综合行政执法机构(以下简称街道、镇综合行政执法机构),在依法履行职责过程中开展分类分级执法工作,适用本规定。

第三条 本规定所称分类分级执法,是指城管执法部门将辖区内执法对象,根据所属行业发生违法行为可能造成的危害程度进行分类、根据具体对象是否存在易发、高发违法行为等因素初始定级,并以类级为依据依法实施差异化执法检查的行为。

第四条 本规定所称执法对象是指浦东城市管理行政执法涉及的市容环境卫生管理、建设管理、房屋管理、环境保护管理、水务管理、城市交通管理、城镇燃气管理等领域中,有固定生产、经营和办公场所、开展日常上户检查的个体工商户、法人、其他组织。

区城管执法部门在实施过程中可视情适时调整适用分类分级执法的领域和对象并及时予以公示。

第五条 开展分类分级执法应遵循依法依规、公开公正、客观真实、包容审慎的原则,坚持文明执法、精准执法、有效执法,全面落实行政执法公示、行政执法全过程记录和重大行政执法决定法制审核制度,加强跨领域综合执法,引导执法对象自觉遵法守法。

第二章　执法对象数据库的建立

第六条　区城管执法部门应当建立执法数据管理机构,制定执法对象数据库建设规范。

第七条　区城管执法部门、街道、镇综合行政执法机构通过自行采集、管执联动、信息共享等多种方式获取执法对象数据信息。

执法队员自行采集的,通过移动执法终端的信息采集系统进行信息填报,并实时上传城管执法数据中台,经数据中台审核后入库;通过管执联动、信息共享等方式获取信息的,由数据中台整理审核后入库,确保数据库的准确性和规范性。

第八条　区城管执法部门应制定执法对象数据库维护和更新机制,确保数据库的动态更新。

执法队员在执法检查过程中,发现执法对象的信息与数据库不一致时,通过移动执法终端的信息采集系统,及时予以新增、修正或关闭。

第九条　区城管执法部门应建立完善数据库安全管理制度,并制定执法对象数据库日常核查机制。

第三章　执法对象的分类与分级

第十条　区城管执法部门在建立执法对象数据库基础上,按照行业分类、对象分级的原则,制定执法对象分类分级评估规范。

第十一条　根据不同行业对象发生违法行为后可能造成的危害程度(以下称行业危害度),将执法对象分为高危、中危、低危三类。

涉及重大公共安全、人民生命健康、重大生态环境问题,一旦违法可能造成严重危害后果的,确定为高危类别。

涉及公共秩序、环境秩序,一旦违法可能造成较大危害后果的,确定为中危类别。

其他违法后果一般的,确定为低危类别。

区城管执法部门应建立行业分类动态调整机制,对发生行业规划调整、行业技术革新、管理要求改变等动态因素的,定期评估、调整分类,也可依行业组织申请审核后调整分类。

第十二条　结合经营规模、经营范围、经营规范情况、区域敏感性等静态指标,按照具体对象是否存在易发、高发违法行为的风险(以下称对象风险度),将同类执法对象初始定级为高风险、中风险和低风险三级。

根据执法对象违法行为性质和发生频次等,设定智能调级模型,对执法对象实时动态调级。

执法对象一旦发生行业事故,直接上调为高风险等级。

一般情况下,检查发现一次 A 类(较重)违法行为或连续两次检查均发现有 B 类(一般)违法行为的,风险等级上调一级;低风险对象在同次检查中被发现有三项及以上 A 类违法行为的,风险等级上调为高风险。

一般情况下,连续两个检查周期没有发现违法行为的,风险等级下调一级;高风险对象连续三个检查周期没有发现违法行为的,风险等级下调为低风险。

区城管执法部门应对分类分级中低风险执法对象的名录进行公开公示,中风险、高风险执法对象单独告知。

第四章　执法检查方式与频次

第十三条　根据行业管理部门监管要求,结合浦东城管智能化监管水平,对于不同类别的执法对象,采用全覆盖检查或"双随机"检查方式,开展分类分级执法检查。

对于已基本实现在线监管和视频监控,或已实现严格源头管控的执法对象,原则上实行"双随机"检查方式。

对于特殊类型的执法对象,可叠加不定期的定向检查。

第十四条　区城管执法部门依执法对象分类分级情形,设定执法检查频次的基准和规范;结合执法对象的动态调级,实时调整检查频次。

采用全覆盖和"双随机"检查方式开展执法检查的频次,行业管理部门制定有标准的,原则上按其规定设定该类对象的检查频次基准;根据工作需要调整的,原则上调整后的基准应高于行业标准。行业管理部门没有相关标准的,检查频次基准由区城管执法部门依据执法实际予以设定。

高风险对象的执法检查频次应当高于该行业执法检查频次基准;中风险对象的执法检查频次一般等于该行业执法检查频次基准;低风险对象的执法检查频次应当低于该行业执法检查频次基准。

对于连续三年都保持为低风险且零违法的中危、低危执法对象,城管执法部门应予以其后两年"免检"的待遇(适用"双随机"检查的除外);对于连续三年处于高风险的执法对象,城管执法部门可以叠加专项检查、联合监管等。

第十五条　区城管执法部门应对各类级执法对象所对应的执法检查频次制作清单进行公示。

第五章　执法检查数字化应用

第十六条　区城管执法部门、街道、镇综合行政执法机构应建立执法对象的包干责任制。执法队员运用"浦东城管"APP线上检查表单,对包干对象进行执法检查,执法检查情况实时上传浦东城管执法信息平台。

对于现场检查发现的问题,根据情形依法予以督促整改、当场处罚或立案处罚,形成处置闭环。

第十七条　区城管执法部门应不断提升分类分级执法的智能化应用水平,为开展分类分级执法提供智能、便捷、实用、规范的操作平台。

对新采集对象或通过其他途径入库的对象,实现自动归类、自动定级并匹配相应的检查频次;每个周期首日自动完成任务派发,通过智能化手段督促执法人员按期检查;对于执法对象达到升级或降级条件的,检查次日自动升(降)至新的级别,并在下一周期自动生成检查任务。

第十八条　在实施日常检查中,对机动车维修、燃气站点、内河港口码头(混凝土搅拌站)、建设工程等同时涉及多个城管执法领域、事项的执法对象,区城管执法部门,街道、镇综合行政执法机构实行"综合查一次"的监管模式。

综合监管牵头部门,应综合各领域执法内容、工作要求,对综合监管的事项进行梳理整合,形成综合监管线上检查表单,对于被纳入综合监管的执法对象,确定并自动匹配应用综合监管的检查频次。

第六章　行政处罚的裁量

第十九条　在分类分级执法基础上,以处罚法定、公正公开、过罚相当及审慎包容为原则,结合各条线裁量基准,综合考量违法事实、性质、情节、后果及类级情况等,细化裁量标准。

第二十条　根据不同类级,设定轻微免罚、从轻处罚和从重处罚三种裁量基准。

第二十一条　涉及公共利益及民生问题的特殊情形,通过启动重大案件法制审核、重大案件集体讨论,做出处理决定。

第七章　附　　则

第二十二条　区城管执法部门,街道、镇综合行政执法机构执法人员应在做好分类分级检查基础上,加强执法宣传和服务力度,帮助企业建立日常自查机制。

第二十三条　区城管执法部门,街道、镇综合行政执法机构执法人员在开展分类分级执法工作中违反本规定或相关规定,存在不作为、乱作为以及滥用职权、徇私舞弊、玩忽职守等行为的,依法依规依纪追究责任。

  第二十四条 法律、法规、规章以及国家和本市有关规定对本规定中内容作出调整的,按照有关规定执行。

  第二十五条 本规定由浦东新区城市管理行政执法局负责解释。

  第二十六条 本规定自印发之日起施行。

第四章

住宅小区综合监管机制

为落实市、区关于住宅小区治理精细化工作的要求,2022年11月1日,《上海市浦东新区推进住宅小区综合治理创新若干规定》正式出台。该规定明确了浦东新区住宅小区综合治理中政府、街镇、社区等主体的职责,涵盖自治建设、应急管理、隐患排查整治、执法保障、数字治理等多方面创新举措,旨在提升治理水平,营造高品质生活环境。该规定的出台,为浦东新区住宅小区治理及执法工作提供了坚实的法律依据和明确的行动指南。浦东城管以此为契机,深入探索住宅小区综合监管机制,以期充分发挥城市执法力量在小区综合治理中的作用。

2023年,《浦东新区城市管理行政执法局住宅小区综合监管工作规定》正式出台,标志着以"城管进社区"工作为载体,以压实物业管理主体责任为核心,以规范城管综合执法为保障的住宅小区综合监管机制全面落地。

一、执法主体与管理主体

(一)深化"城管进社区"

2020年,浦东城管深入推进"城管进社区"工作,制定了《浦东新区城管进社区工作实施方案》,明确细化了城管进社区的工作职责及具体要求,并在全区35个街镇1424个居村设立了"城管执法社区工作室"。建立社区联络员制度,共有625名执法队员以"一对一"或"一对多"的形式深入居村一线参与社区治理。社区工作室覆盖了全区2827个住宅小区,街镇城管中队以此为平台,积极参与社区管理和联动,宣传城管执法,服务社区和居民,使得浦东城管社区联络体系得以初步完成构建。

2024年,经优化调整,浦东新区各街镇取消了驻点挂设的工作室名牌,深度强化"社区联络机制",实行街镇城管中队主要领导负责制,明确社区联络员职责,并采取一系列保障措施,确保高效沟通与问题解决,推动了社区工作继续走深走实。

1. 社区"四进"工作

执法进社区:切实履行城管执法职能,严厉查处小区内严重侵犯公共利益、存在重大安全隐患的违法行为以及群众反映集中的问题,加大执法力度,维护小区公共秩序和居民合法权益。

监管进社区：建立健全小区日常监管机制，开展分类分级执法检查，加强对物业服务企业落实主体责任的监督检查，确保小区管理规范有序。

普法进社区：秉持"谁执法谁普法"原则，依托小区联勤联动和微网格平台、物业服务平台、业主群及说理式执法等形式，深入开展精准普法宣传活动，提高居民法律意识和依法参与小区管理的自觉性。

服务进社区：通过党建引领和共建联建活动，与居村委会、业委会和物业公司建立紧密沟通机制，共同开展小区环境整治等活动，参与志愿服务，增强社区凝聚力和居民幸福感。

2. 小区分类分级检查工作

作为浦东城管分类分级检查工作的一部分，住宅小区分类分级日常检查的工作主要依托数据平台，并整合多渠道信息作为依据，围绕物业日常工作、工作机制运行、公共设施设备和秩序管理、对重大问题的履职情况等展开检查，设定"三色"管理要求，根据风险等级实行差异化管理。

（1）住宅小区"双随机，一公开"检查内容：街镇综合行政执法机构结合实际制定计划，以市容环境等为主要检查内容，规范检查流程，及时处理涉嫌违法违规的行为，公布检查结果并推送相关部门，强化协同监管。

（2）规范诉求处置：街道、镇综合行政执法机构重视物业企业上报、居村反映、群众投诉的问题，发挥"社区通"作用，畅通诉求渠道。居村联络员及时响应受理，对于城管执法领域的处罚事项依法严格处置，形成问题处置闭环，建立综合监管档案。

3. 小区数字化监管应用

深度建设并完善住宅小区综合监管平台，构建了住宅小区综合监管"1+2+3+4+N"模式的总体架构。"1"——打造1个标准数字底座；"2"——创新2项监管工作机制（物业装修申报登记工作机制、住宅小区分类分级工作机制）；"3"——制定3套规范工作流程（处置规范流程、办案规范流程、停水停电规范流程）；"4"——建设4大线上运用系统（居民自主申报系统、物业登记检查系统、中队业务中台管理系统、队员移动终端处置系统）；"N"——开发N个智能应用场景（无人机智能巡查新增违建、垃圾箱房非定时投放、住宅小区治理指数等），并在开发住宅小区综合监管应用场景的过程中不断提升智治效率，提高治理水平。这套总体架构主要涉及以下内容。

（1）夯实数字底座。对接市级业务主管部门源头数据资源，致力于打造"一套数、一张图"的数据底板。对小区住宅信息、物业企业信息、地理坐标信息等基础数据进行全面梳理和规范,细化数据颗粒度,提高数据精准性。与浦东新区管理部门加强协作,整合已有数据资源,扩容新业务数据,结合数据上报、数据融合等多种手段,形成全区城管执法系统统一的小区住宅数字化标准底座。通过这一数字底座,实现数据的集中管理和共享,为住宅小区综合监管提供数据支撑。例如,对全区各小区的房屋面积、楼层高度、居住人口等信息进行详细统计和录入,同时整合物业企业的资质、服务范围、人员配备等数据,形成一个完整的数据库。

(2) 开发线上系统。系统集成为"一台、四端"。"一台",即装修申报登记监管平台,是住宅小区综合监管平台中的一个业务子平台,实现了物业登记备案"全流程、全闭环"管理。"四端",一是居民自主申报登记端,分为居民"装修申报登记二维码"扫码申报和"浦东城管"微信公众号在线申报两个渠道,同时还保留了线下申报登记"绿色通道";二是物业填报端,实现物业经理及工作人员对业主提交的装修申报登记进行复核查询、现场检查及问题上报;三是中队业务中台端,实现对物业上报问题的甄别派单,对物业上报装修申报登记材料的归档;四是队员手机终端,通过"浦东城管"APP,对物业上报问题进行现场确认及处置,从而实现从中队"电话派单"到队员"掌上接单"的转变。

(3) 突出数字化保障。充分依托"浦东城管"APP、"美丽家园微智理"小程序以及智能应用场景等平台,将装修申报登记、分类分级、综合执法、执法保障和物业评价等基础数据和业务数据进行有效关联。加强对热线诉件、问题上报、注记解注、执法检查、执法办案等大数据的综合应用,通过数据分析,挖掘潜在问题和规律,为监管决策提供科学依据。例如,利用大数据分析发现某小区在特定时间段内装修申报登记数量较多且违规装修问题频发,执法部门可据此加大对该小区的巡查和监管力度。同时,通过系统实现数据的实时更新和提示,确保小区综合监管工作数据准确、提示及时、处置高效、赋能充分和实战实用。

(二) 抓实物业属地管理责任

1. 日常管理要求

明确物业服务企业应当严格按照物业服务合同的约定,切实履行各项服务职责。对共有区域的秩序,要加强管理,规范车辆停放,制止乱摆摊点、乱扔垃圾等行为;对业主大会或者业主委托的其他物业服务事项,也要认真负责地开展管理维护工作,并妥善做好管理维护工作档案资料工作,确保服务工作有迹可循、有据可查。

2. 巡查发现处置责任

要求物业服务企业组织专业人员定期开展小区日常巡查工作,建立完善的巡查制度和工作流程。在巡查过程中,重点关注小区内是否存在违反相关法律规定以及临时管理规约、管理规约的行为,如违法搭建、破坏房屋承重结构、擅自改变房屋用途、侵占公共空间等。一旦发现此类行为,应当立即对违法行为人予以劝阻,向其明确指出行为的违法性和危害性,要求其立即停止违法行为。同时,应保留现场证据,如拍照、录像等,以备后续处理使用。其间,须告知违法行为人其违法行为可能导致的后果,如面临行政处罚、民事赔偿等法律责任。依据物业管理相关要求,采取有效措施阻止违法人员、违法工具和违法材料进入违法现场,防止违法后果进一步扩大。

3. 协调配合及责任追究机制

物业企业应积极主动地配合相关部门的工作,建立良好的沟通协调机制。在日常工作中,与执法部门保持密切联系,及时响应工作要求,提供必要的协助和支持。例如,在城管部门开展小区环境整治工作时,物业企业应积极配合提供小区内的相关信息,协助执法人员进行现场检查和执法工作。同时,物业企业要严格落实自身的管理责任,对于未履行职责或履行职责不到位的情况,将依法依规予以处置。街道、镇综合行政执法机构应根据本地区的实际情况,制定详细的小区综合监管工作机制,明确工作任务和工作措施,将责任落实到具体部门和个人。

二、住宅小区装修全生命周期管理

(一)事前源头把控:小区装修申报登记

浦东城管依据相关法律法规和工作实际,制定了详细的小区物业装修申报登记制度,明确了物业和城管部门在装修管理中的具体职责范围。居民在进行房屋装修前,需要向所在小区的物业服务企业进行申报登记。物业企业作为住宅小区装修申报登记机制的实施主体,负责对居民提交的申报材料进行审核,确保材料齐全、真实有效。审核通过后,为居民办理装修登记手续,并建立装修档案,详细记录装修相关信息,如装修时间、装修内容、施工单位等。在装修过程中,物业企业需要加强日常检查,密切关注装修进展情况,及时发现并处理装修过程中出现的问题。装修结束后,居民须向物业申请离场确认,物业企业对装修情况进行检查,确认无违规装修行为后,方可办理离场手续,完成整个装修申报登记流程。在装修过程中,物业定期上门检查,发现居民有违规拆除承重墙的迹象,及时制止并要求其整改,以确保装修行为的合规性。

物业企业在装修管理中承担着重要的跨前管理与指导服务职责。在装修前,通过多种渠道和方式向居民广泛宣传装修相关法律法规、小区管理规定以及装修申报登记的流程和要求,确保居民充分了解装修过程中的权利和义务,提高居民法律意识和合规装修自觉性。同时,对装修施工单位进行资质审查,确保其具备相应的施工资质和能力,从源头上保障装修工程质量和安全。

在装修过程中,物业企业要为居民提供必要的指导和帮助,解答居民在装修过程中遇到的相关问题,协调解决施工过程中产生的邻里纠纷等。例如,当居民对装修垃圾堆放位置或清运时间不清楚时,物业应及时给予明确答复和指导;当不同楼层业主因装修噪声问题产生纠纷时,物业须积极介入调解,促进双方达成合理的解决方案。

(二) 事中实时监管:日常检查机制与高效协同监管

街镇城管中队作为住宅小区装修申报登记机制中的监管主体,应对装修申报登记工作进行定期执法检查,对物业、业委会和居委上报的装修中发生的违法行为进行严格执法纠错。建立健全与物业企业的协同监管机制,加强信息共享和沟通协作。物业企业在日常检查中发现涉嫌违规装修行为,如违法搭建、破坏房屋承重结构、擅自改变房屋用途等,应及时填写相关报表,将问题上报至属地城管中队。城管中队在接到物业上报的违规装修问题后,要迅速组织执法力量,依法依规进行处置。

为更为及时高效地处置违规装修问题,回应居民关切,经过反复实践,浦东城管配套制定了《住宅小区执法规范程序实施细则》,进一步明确了城管队伍对常见的违法违规行为的处置流程。例如:城管中队业务中台接到物业上报问题工单后,须在 2 小时内接单并将任务工单通过"浦东城管"APP 下派至责任队员,责任队员接单后,须在 24 小时内至现场进行处置,48 小时内完成工单处置,形成"物业上报问题→中队 2 小时内派单→队员 24 小时内现场处置→48 小时完成工单处置"的良性循环,并做到一般违章现场办、较大违章合力办、严重违章转案办,实现"应立尽立,应处尽处"。同时,细化对正在实施的侵害业主共同利益行为的处置方式,如拒不停工整改,须采取"停水停电"等特殊措施,这些工作规范要求,均助力督促了当事人积极主动整改。

(三)事后交易约束:住宅小区注记工作

房屋注记工作作为浦东城管在住宅小区综合监管中的一项重要措施,主要针对已经完成装修的房屋,执法单位发现其存在违法搭建建筑、损坏承重结构、破坏建筑立面、擅自改变原始设计、违规群租等严重影响房屋安全和小区秩序的行为,通过区房地产交易中心对该房产进行注记(即实施交易及信用限制),倒逼违法当事人落实整改。相关条件与内容如下:

1. 适用事项与情景

当发生严重影响房屋安全和小区秩序的违法行为,如存在违法搭建建筑、损坏承重结构、破坏建筑立面、擅自改变原始设计、违规群租等,经相关执法部门认定符合注记条件时,将对涉事房屋进行注记。例如,某小区业主私自拆除房屋部分承重墙,对整栋楼的结构安全造成严重威胁,城管部门在接到举报并查实后,依据相关规定,对该房屋进行注记,以警示其他业主此类行为的违法性和严重性。

2. 具体实施方式

立案调查:由各街镇城管执法部门负责,在发现相关违法行为后,严格按照规定程序进行立案调查。执法人员收集证据,如现场勘查、询问当事人及证人、查阅相关资料等,以确定违法事实。

作出决定并通知:根据调查结果,相关部门作出限期拆除或恢复原状的决定,并及时通知当事人。明确告知当事人其违法行为以及需要承担的法律责任,要求其在规定期限内履行决定。

注记流程:若当事人逾期未履行决定,城管执法部门将相关情况报送至信用信息平台,并依法对房屋进行注记。在注记过程中,会详细记录房屋的相关信息,包括地址、业主信息、违法事实等,确保注记信息的准确性和完整性。

3. 解除注记方式

当事人申请:当事人在自行拆除违法建筑或完成违法行为整改,使房屋恢复原状后,应及时告知各街镇城管执法部门。例如,某业主在被注记后,认识到问题的严重性,积极配合整改,拆除了违法搭建的部分,并向城管执法部门提出解除注记申请。

执法部门核实：城管执法部门收到告知后，组织专业人员进行现场核实。检查整改情况是否符合要求，包括违法建筑是否拆除彻底、房屋结构是否恢复原状、相关设施设备是否整改到位等。

文书送达与解除注记：经核实，确认已拆除违法建筑或完成违法行为整改恢复原状的房屋，城管执法部门需在 5 日内将相关文书送达浦东新区不动产登记事务中心。不动产登记事务中心在收到文书后，解除该房屋的注记，恢复其正常的交易和登记功能。

三、思考与启示

（一）落实前端管理是小区监管效能提升的关键

推行住宅小区综合监管机制，工作的关键取决于"源头管控"和"末端执法"两者的责任落实情况。对于小区治理工作，无论从资源配置、监管效率还是受众感受等各方面来看，相较于把问题积压到末端执法处置，管理主体前期做好源头管控将会提供更为优质高效的工作。就此，从小区源头管理的"三驾马车"——物业、居委、业委会入手，深度剖析当前住宅小区工作中的焦点问题，并探寻有效的解决路径，对于切实提升住宅小区源头管理水平可以说极具现实意义。

1. 目前小区管理存在的主要问题

一是职责界定不清。物业、居委和业委会之间职责划分不清晰，导致在诸如小区公共区域设施维护这类事务上，常出现责任推诿的情况。这种职责不清使得问题解决效率低下，严重影响居民正常生活，也警示着明确各主体的职责边界是源头管理的基础，只有职责明晰，才能避免管理混乱，才能提高工作效率。

二是沟通协调不畅。物业、居委和业委会三方缺乏有效的沟通机制与平台，信息传递存在严重滞后与不准确的问题。以物业制订停车管理方案为例，因未充分征求业委会和居民意见，引发业主不满，而居委在调解物业与业主纠纷时，也常因对双方情况了解不足，难以达成令各方满意的结果。这表明，建立畅通的沟通渠道是促进协同工作的关键，只有加强信息共享与交流，才能避免矛盾激化，才能保障小区的和谐稳定。

三是利益诉求分歧。居委着眼于社区整体稳定，物业关注企业经济效益，业委会主要维护业主个体利益，这种利益诉求的差异致使在一些问题上往往难以达成共识。如物业为降低成本减少保洁人员，引发业主投诉；业委会提出过高服务标准，让物业难以承受。这也表明，在源头管理中，必须以社区整体利益为出发点，寻求各方利益的平衡点，才能实现共赢。

四是专业能力不足。居委工作人员在物业管理、法律法规等方面专业知识匮乏，业委会成员又多为兼职，缺乏物业管理经验和专业技能，物业企业服务人员素质也参差不齐。这些专业能力的不足，极大地影响了源头管理的效果，同时也意味着提升相关人员的专业素养，是提升源头管理水平的必要条件。

2. 优化小区综合治理工作的思考

其一是明确职责边界。通过制定详细的小区管理章程和工作细则，明确居委会、物业和业委会各自的职责范围和工作内容，避免职责不清导致的管理混乱。例如，对小区公共设施的维修、更新和改造，需明确规定从项目申报、资金使用到实施验收的全过程中各方的具体职责和操作流程，确保各项工作有章可循。

其二是建立健全沟通协调机制。搭建多元化的沟通平台，如定期召开三方联席会议、建立小区事务微信群、设置意见箱等，加强信息共享与交流。在小区重大事项决策前，充分征求各方意见，进行民主协商，确保决策的科学性和合理性。

其三是寻求利益平衡点。在住宅小区监管中，倡导以社区整体利益为出发点，兼顾各方利益诉求。居委会应发挥协调作用，引导物业在保障服务质量的前提下合理控制成本，同时协助业委会理性表达业主需求，推动双方在物业管理费调整、服务标准制定等方面达成共识。

其四是建立内部培训体系。定期组织人员参加物业管理、社区服务、沟通技巧等方面的专业培训课程，提升员工的业务能力和综合素质。同时，制定人才激励政策，鼓励员工自我提升，并积极引进高素质的专业人才，充实管理团队，为源头管理注入新的活力和理念，提升管理团队的整体水平。

(二) 如何运用"精准普法"助力事前预防

一是做好对普法对象的精准定位。住宅小区内居民构成复杂，包括不同年龄、职业、文化程度的业主和租户等。精准普法首先要对这些不同群体进行细致分类，深入分析他们的法律需求和行为特点。例如，老年居民可能更关注与日常生活息息相关的物业管理、邻里纠纷等方面的法律规定；中青年业主则可能对房屋产权、装修法规以及物业服务合同等内容更为关心；租户可能侧重于关心房屋租赁相关法律知识,如房屋维修责任等。总之,只有精准把握不同群体的需求,才能有针对性地制定普法策略,确保普法工作的有效性。

二是完善对普法内容的精准选择。基于对普法对象的精准定位,普法内容应紧密围绕居民在住宅小区生活中的实际需求和常见问题而展开。对于业主,应详细解读房屋所有权、使用权相关法律规定,包括房屋装修的合法界限,如承重墙的保护、外立面的维护等;物业服务相关法规,如物业费的构成与合理收取、物业服务标准及业主的监督权利等;小区公共事务管理法规,如停车位分配与使用、公共设施的维护与共享等。对于租户,重点宣传房屋租赁法规,包括租赁合同的签订、变更与解除条件,租金支付与押金退还规定,以及租赁双方的权利义务;也应普及居住权益保障方面的法律知识,如房屋安全保障、物业服务可享受的权利等。此外,还应结合住宅小区常见的违法行为,如违法搭建、破坏绿化、噪声扰民、垃圾分类不规范等,详细解释相关法律法规的具体要求和违法后果,使居民明确行为规范。

三是完善对普法方式的精准适配。不同的普法对象和普法内容需要适配不同的普法方式,以提高普法效果。针对老年居民,可以采用传统的宣传资料发放、社区讲座等方式,讲座内容应简洁明了、通俗易懂,并结合实际案例进行讲解,便于他们理解和接受。对于中青年居民,可充分利用新媒体平台,如微信公众号、业主论坛、短视频等进行普法宣传,这些方式能够满足他们获取信息的便捷性需求,同时也可使内容形式更加多样和生动。对于青少年居民,可以通过开展法律知识竞赛、法治座谈会、社区法治实践活动等形式,增加普法的趣味性和互动性,培养他们的法律意识和法治观念。

附件

浦东新区城市管理行政执法局住宅小区综合监管工作规定[①]

（修订稿）

第一章 总 则

第一条（工作目的）

为推进浦东新区住宅小区综合治理创新，提高住宅小区居住环境秩序，营造美丽、有序、和谐、宜居的高品质生活，依据《上海市浦东新区推进住宅小区治理创新若干规定》《上海市住宅物业管理规定》《住宅室内装饰装修管理办法》法律法规，结合浦东城管实际，制定本规定。

第二条（工作内容）

本规定所称小区综合监管是指以"城管进社区"工作为载体，以压实物业管理主体责任为核心，以规范城管综合执法为保障，构建城管小区综合监管机制。

第三条（适用范围）

本规定适用于浦东新区城市管理行政执法部门（以下简称区城管执法部门）以及街道办事处、镇人民政府所属综合行政执法机构（以下简称街镇综合行政执法机构）在住宅物业小区依法履职过程中开展的综合监管工作。

[①]《浦东新区城市管理行政执法局住宅小区综合监管工作规定（修订稿）》下设3个附件，分别为：
（一）《住宅小区分类分级检查实施细则》
（二）《住宅小区物业装修申报登记实施细则》
（三）《住宅小区执法规范程序实施细则》
其中：
（一）《住宅小区分类分级检查实施细则》中，还包含2个附件：
• 《住宅小区分类分级日常检查表》
• 《住宅小区双随机、一公开检查表》
（二）《住宅小区物业装修申报登记实施细则》中，还包含1个附件：
• 《住宅小区装修申报登记工作表单》（即图中的入场登记表、日常检查表、离场确认表）
（三）《住宅小区执法规范程序实施细则》中，还包含4个附件：
• 《城管执法部门/乡镇人民政府/街道办事处暂时停止相关市政公用服务决定书》
• 《城管执法部门/乡镇人民政府/街道办事处恢复相关市政公用服务决定书》
• 《城管执法部门/乡镇人民政府/街道办事处暂时停止水电供应告知书》
• 《城管执法部门/乡镇人民政府/街道办事处恢复水电供应告知书》

第二章 城管进社区

第一节 目的要求

第四条（工作目的）

城管进社区是通过建立城管进社区工作机制、搭建城管进社区工作平台,明确城管进社区工作规范,提升城管进社区工作实效,提高居民对城管工作的满意度。

第五条（工作要求）

城管进社区应当坚持问题导向、效果导向,按照区委关于为居村减负的有关规定,不在居村设置实体化"城管工作室",不挂"城管工作室"的牌子,不记录"城管进社区工作手册"纸质台账。

第二节 主要责任

第六条（执法进社区）

切实履行城管执法职能,对小区内严重侵犯公共利益、存在重大安全隐患的违法行为以及群众反映集中的问题,要依法从严查处,加大执法力度。

第七条（监管进社区）

建立健全小区日常监管机制,开展对小区的分类分级执法检查,切实加大对物业服务企业落实主体责任的监督检查。

第八条（普法进社区）

坚持"谁执法谁普法"的原则,积极依托小区联勤联动和微网格平台、物业服务平台、各类业主群以及说理式执法等多种形式,进小区开展精准普法宣传。

第九条（服务进社区）

通过党建引领和共建联建活动,与居村委会、业委会和物业公司建立沟通机制,积极参与社区共建共治;通过线上线下等方式,听取群众意见建议,及时处置群众反映的问题,主动接受群众监督。

第三节 工作机制

第十条（社区联络员机制）

城管进社区工作实行中队主要领导负责制,建立副中队长负责片区、小队长负责块域、联络队员负责居村的三级联络机制。可以以一对一、一对多的形式设置社区联络队员,做到区域全覆盖。各级联络队员要熟悉所负责的片区、块域和居村情况,其中社区联络员应由经验丰富的一线执法队员担任。

第十一条（及时响应机制）

社区联络员作为小区"第一责任人",对小区反映的问题要第一时间回应、第一时间受理。接到各类渠道上报问题工单,应按照诉件处置要求,在规定时限予以规范处置。法律、法规另有特定时限要求的除外。

第十二条(分类分级检查机制)

街镇综合执法机构根据区综合执法部门关于分类分级执法检查的规定和要求,对小区物业服务企业开展日常检查,对小区开展随机巡查。

分类分级检查细则另行制定。

第十三条(严格执法机制)

(一)街镇综合行政执法机构对于物业企业上报、居村委反馈、群众投诉举报的问题以及分类分级执法检查中发现的问题,要按照区综合执法部门关于案件"应立尽立"的规定要求,对于应当立案的,依法予以立案查处。

(二)主要执法内容。居民小区内的主要执法内容:

1. 开展对新增违法搭建行为的执法;

2. 对破坏房屋承重结构以及房屋外貌行为的执法;

3. 对"群租"行为的执法;

4. 对擅自改建、占用物业共用部分行为的执法;

5. 对违规破墙开店行为的执法;

6. 对饲养家禽、信鸽、宠物等影响环境行为的执法;

7. 对不按规定进行垃圾分类行为的执法;

8. 对不按规定堆放、清运装修垃圾的执法;

9. 对损坏绿化(擅自迁移、砍伐、过度修剪树木;擅自毁坏绿地,未经许可使用、占用绿地等)行为的执法;

10. 对乱设摊、乱涂写、乱悬挂、乱晾晒等破坏市容环境卫生行为的执法;

11. 对物业服务企业不按规定开展住宅装修报备、巡查行为的执法;

12. 对物业服务企业对小区内涉及上述行为不予劝阻、不向城管执法部门报告行为的执法;

13. 对小区内电动自行车及其蓄电池违规充电、不按规定停放等行为的执法。

(三)规范《上海市浦东新区推进住宅小区治理创新若干规定》,授权浦东城管执法部门执法处罚和执法强制事项实施的程序和流程。

具体细则另行规定。

第十四条（联勤联动机制）

社区联络员担任对应居村联勤联动站副站长，参与联勤联动站工作例会，参与社区居村联勤联动、联合执法、专项检查等。与居村委会、社区民警、物业企业等建立健全信息共享、案件移送、执法协作等工作机制，有效推进小区难题顽症治理。

第三章　强化物业服务企业主体责任

第一节　物业日常管理责任

第十五条（日常管理）

物业服务企业应当按照物业服务合同的约定，提供相应的服务：对物业共用部位、共用设施设备、共有绿化、共有区域的秩序、业主大会或者业主委托的其他物业服务事项，开展管理维护工作，并做好管理维护工作档案资料的保管。

第十六条（巡查发现）

物业服务企业应根据管理职责，组织人员开展小区日常巡查。巡查中重点关注小区内是否存在违反相关法律规定以及临时管理规约、管理规约的行为。

第十七条（劝阻制止）

物业服务企业对日常巡查中发现违反小区管理相关规定以及临时管理规约、管理规约的行为，应当立即对违法行为人予以劝阻，保留现场证据告知其违法行为后果，要求行为人立即改正。同时依据相关条款阻止违法人员、违法工具和违法材料进入违法现场，防止违法后果进一步扩大。

第十八条（问题上报）

物业服务企业对违法行为人劝阻、制止无效的，对属于本规定第十三条第二项所列的违法行为，应当在24小时内将违法事项报告街镇城管执法中队。

第十九条（协助配合）

物业服务企业作为小区公共管理的主体，对行政执法部门依法开展的行政执法和行政检查行为予以协助和配合。具体工作：配合检查现场、提供证据或管理资料、为具体执法或检查工作提供证明。

第二十条（责任追究）

物业服务企业在管理中未尽巡查、发现、劝阻和协助执法等相关履职义务的，城管执法部门将根据《上海市住宅物业管理规定》和《上海市浦东新区推进住宅小区治理创新若干规定》的相关内容，依法处置。

第二节　装修申报登记

第二十一条（小区装修申报登记机制）

为加强对违法搭建、破坏房屋承重结构、破坏房屋外貌、改变房屋使用性质、装修垃圾违规处置、违规装修等违法行为的源头治理，全面建立小区物业装修申报登记制度。

具体细则另行制定。

第四章　小区数字化监管

第二十二条（数据底座）

区城管执法部门加强与区管理部门协作，整合已有数据资源，扩容新业务数据，结合数据上报、数据融合等多种手段，形成全区城管执法系统统一的小区住宅数字化标准底座。打造"一套数、一张图"的数据底板，规范及标准化小区住宅信息、物业企业信息、地理坐标信息等基础数据，细化数据颗粒度，提高数据精准性。

第二十三条（数据归集）

区城管执法部门充分依托"浦东城管"APP、"浦东城管社区通"、物管中心"美丽家园微智理"小程序以及智能应用场景等平台，将装修申报登记、分类分级、综合执法、执法保障和物业评价等基础数据和业务数据有效关联，实现全要素数据归集。

加强对热线诉件、问题上报、注记解注、执法检查、执法办案等大数据的工作留痕及综合应用，确保住宅小区综合监管工作数据准确、提示及时、处置高效、赋能充分和实战实用。

第二十四条（新技术运用）

紧紧围绕小区突出问题，坚持以实战实用为导向，在信息互通、协同联动、数据分析、智能发现等方面，通过AI识别、物联感知、大数据分析、数字孪生、无人机自动巡航等新兴技术，探索实现违法搭建装修、群租、毁绿占绿、垃圾违规清运、垃圾非定时投放等行为的一体化发现、派单、处置、反馈全流程监管，持续推进智能场景与执法业务的深度融合。

第五章　监督评议

第二十五条（指数评价）

住宅小区综合治理指数适用于本辖区内实行物业管理的住宅小区。指数设定上充分遵循客观真实原则，根据区域内的小区治理难度、类型分布、执法力量等客观因素的影响,小区治理将实行分类评价。小区治理指数由过程评价、结果评价、执法绩效三方面构成。

(一)过程评价。过程评价要求形成能反映小区治理工作实际的客观数据,其评价指标主要依托小区综合监管平台,对日常巡查率、问题处置率、主被动发现数(装修未申报、未上报问题等)、分类分级(双随机)检查进行考评。结合小区治理难度系数、小区覆盖户数等治理因素,通过评价模型形成各小区的全区排名。

(二)结果评价。结果评价将信访投诉情况纳入评价,为反映治理结果的客观情况,依托区信访平台,将小区内信访投诉处置时效、属实诉件诉转案、属实诉件满意率、属实诉件发生率等进行考评,并形成相应的考评排名。

(三)执法绩效。通过对小区内涉及城管执法事项的各类违法信息的执法处置情况汇集形成绩效考评结果,重点对规范办案情况、案件处置率、重点案件立案率、诉讼复议纠错率等指标进行评价,进一步压实城管执法进社区的执法保障。

第二十六条(社会评价)

充分汇集群众、物业、居委对小区治理的感受度。主要依托社区云问卷收集城管在住宅小区内开展普法宣传、信息公开、共建共治、建议征集、线上互动的落实情况,最终形成社会评价。

第二十七条(结果应用)

街镇小区治理指数作为所在街镇落实小区治理工作的重要参考指标,与各物业服务企业管理实效和总体管理工作水平挂钩;与街镇综合行政执法机构开展社区执法管理工作成效挂钩;与社区责任队员的社区工作实效挂钩。评价结果及时公布,并推送各相关部门。

第六章　附　　则

第二十八条　浦东新区农村物业化管理区域参照本规定要求执行。

第二十九条　本规定由浦东新区城市管理综合行政执法局负责解释。

另附1：
住宅小区分类分级检查实施细则

一、检查方式

城管执法队员通过"浦东城管"APP开展住宅小区分类分级检查，方式为：1）分类分级日常检查，对物业服务企业的履职情况开展检查。2）"双随机、一公开"检查，对住宅小区的环境秩序管理开展检查。

二、责任分工

区城管执法局负责全区住宅小区综合监管检查工作的牵头和组织领导。

区城管房屋管理执法大队负责全区住宅小区综合监管检查工作的业务指导。

各街镇（管委会）综合行政执法机构负责对本辖区住宅小区综合监管检查工作的具体实施。

三、分类分级日常检查

（一）检查信息来源

依托住宅小区综合监管平台整合信息来源，将日常检查、专项检查、信访投诉、上级交办、部门移送等相关信息作为检查依据。

（二）检查内容

1. 物业日常工作

小区门岗是否做好违法违规设施、设备、材料的检查和劝阻；小区内是否存在毁绿、乱设摊的行为；是否存在新增违法搭建（建）构筑物、破坏房屋外立面、损坏房屋承重结构的行为；小区内"五乱"治理情况，对发现的问题有无劝阻和上报等。

2. 物业工作机制运行情况

一是小区物业装修申报登记机制：是否执行申报登记制度；装修入场前是否登记并发放告知单；发现违法行为是否及时制止上报；离场后是否进行现场检查确认等。

二是小区房屋居住租赁备案机制：是否对房屋租赁进行备案登记；是否落实每周巡查制度；发现问题是否及时制止和上报。

三是小区垃圾管理机制：是否建立小区生活垃圾分类的管理机制；检查小区生活垃圾分类工作实效；检查装修垃圾堆放点设置是否合理；是否与有资质的

清运公司签订收运合同；清运台账记录是否完整等。

3. 物业公共设施、设备和公共秩序管理情况

小区公共秩序管理情况：是否擅自改变物业管理用房用途；是否存在改变物业区域内按规划建设的公共建筑设施用途；是否存在擅自挖掘小区内道路场地的行为。

4. 检查物业对重大问题的履职情况

对小区内新增违法建筑、破坏房屋外立面、破墙开门、破坏房屋承重结构、改变房屋使用性质、破坏绿化、乱设摊、"五乱"现象等重大问题，物业企业的发现、处置、上报等情况。

（三）风险等级设定和管理

对浦东新区住宅小区实行风险（颜色）等级管理，实现对违法违规现象"精准研判、及时发现、高效处置、长效管控"。

风险（颜色）等级分为三级，依次为：高风险（红色）、中风险（黄色）、低风险（绿色）。

1. 初始等级设定标准

初次开展分类分级日常检查，为期一个月，覆盖浦东新区所有住宅小区，根据不同检查结果完成小区等级初始设定。

（1）初定等级为高风险（红色）的情况：房屋安全方面存在新增违法搭建、破坏房屋外立面、破墙开门、破坏房屋承重结构、改变房屋使用性质等行为；物业管理松散，存在不作为的；被媒体曝光，造成重大不良影响的。

（2）初定等级为中风险（黄色）的情况：除去初定为高风险（红色）等级的问题以外，存在被城管立案查处违法违规行为的；被投诉举报且情况属实的；物业管理工作松懈有瑕疵的。

（3）初定等级为低风险（绿色）的情况：无城管立案查处和投诉举报记录；物业不存在违法违规行为。

2. 检查频次

依据小区风险（颜色）等级不同，设置不同检查频次：高风险（红色）小区，每月至少检查 1 次；中风险（黄色）小区，每季度至少检查 1 次；低风险（绿色）小区，每半年至少检查 1 次。

3. 风险（颜色）等级调整

区局根据基层城管执法队员日常检查、执法办案以及市民投诉、媒体曝光、

实效督察等情况,自动对照检查情况按照高、中、低风险事项设定(风险事项见《综合监管检查表》),对小区风险(颜色)等级作升降级调整。具体规则如下:

(1) 风险(颜色)升级。一是主动发现:对发现的问题,除依法作出处罚外,应及时在网上办案系统上调整风险等级。具体是:

发现中风险事项二次(项),存在问题,应依法作出处罚,在网上办案系统按流程关联处置,上升一个风险(颜色)等级,二次(项)以上,上升为最高风险(颜色)等级。

低风险事项三次(项),存在问题,应依法作出处罚,在网上办案系统按流程关联处置,上升一个风险(颜色)等级,最高为红色(高风险)等级,三次(项)以上,上升为最高风险(颜色)等级。

二是被动发现:通过市民投诉、媒体曝光、区局实效督察等方式发现的问题,经核查属实的,辖区城管执法中队应依法作出处罚,并上升该小区风险(颜色)等级。

三是未落实检查:执法队员对所管辖的中风险和低风险小区未按规定频次检查的,监管平台自动给予黄色预警,提示3天仍未检查的给予红色预警,触发红色预警的小区上升一个风险(颜色)等级。物业服务企业在同一个小区范围内,未落实每日检查连续3天或累计5天的,且发生两次及以上的,该小区上升一个风险(颜色)等级。

(2) 风险(颜色)降级。检查对象连续两个检查周期没有发现违法行为的,风险等级下调一级。高风险对象连续三个检查周期没有发现违法行为的,风险等级下调为低风险。未达到风险(颜色)升降级标准的小区,不作调整。

四、"双随机、一公开"检查

(一) 制订年度工作计划

依托浦东新区住宅小区综合监管平台数据库,建立年度检查小区名册。结合实际情况,根据各中队辖区内小区数量、信访投诉率、管理实效等因素安排抽查数量和比例。按在岗执法人员人数与辖区内小区数1∶2的比例,每年抽查小区数不低于年度检查小区总数30%的要求,制订年度抽查计划(以自然年为单位)。于每年12月底前完成下一年度抽查工作计划的制订。

(二) 检查内容

1. 市容环境检查

4项——小区内有无乱设摊;小区内有无"乱张贴、乱涂写、乱悬挂、乱晾晒、乱刻画"等"五乱"现象;小区内公共区域有无乱堆垃圾现象;小区生活垃圾分类管理是否落实到位。

2. 房屋管理检查

2项——小区内有无新建违法建(构)筑物;小区内有无破坏房屋外立面行为。

3. 绿化管理检查

3项——小区内有无黄土裸露现象;小区内有无砍伐树木的行为;小区内有无毁绿种菜的行为。

4. 公共秩序检查

3项——小区内有无配套公建设施被挤占挪用的情况;小区内有无破坏公共设施的行为;小区内开挖通道、路面翻修、房屋整新等工程建设有无做好文明施工管理。

五、检查程序

(一)落实监管责任

各街镇中队作为住宅小区综合监管的实施主体,要按照相关检查要求,充分发挥社区工作室平台作用,落实小区联络员制度,定期开展综合监管检查。

(二)规范检查流程

城管队员开展监管检查,要严格按照检查流程操作,发现问题规范处置,做到"有案必立,应处尽处"。对涉嫌违法违规行为需要立案查处的,按照法律、法规、规章规定的程序处理;属于其他行政机关管辖的,依法移送其他具有管辖权的机关处理;涉嫌犯罪的,依法移送司法机关。

(三)检查信息共享

公布检查结果,将所涉行政处罚等相关信息推送至小区综合监管平台、物业行政主管部门、物业行业协会等相关职能部门,实施信息共享,强化部门间协同监管,形成有力震慑,提高小区管理主体的守法自觉性。

六、工作要求

(一)做好培训落实

各街镇中队结合实际,制定、细化工作方案,明确工作任务和工作措施,抓好对本单位城管队员的业务培训和推进落实工作,确保每名执法队员熟练掌握运用。

(二)强化问题处置

住宅小区综合监管对各中队提出了更高的要求。小区检查中发现的问题,必须从物业企业履职情况和具体违法行为两方面入手,既查具体违法行为当事人,又查物业企业的管理责任。案件关联性核查是对各中队小区工作考核的重要依据。

(三)压实物业责任

各街镇中队在监管检查中,要注重检查物业企业在发现问题时有无宣传、劝阻和处置情况,注意发挥物业管理作用,积极提倡小区开展"自治、共治",营造和谐的居住环境。

住宅小区分类分级日常检查表

小区名称:		小区地址:		所属街镇:	
基本信息	城管工作室名称		联系队员:		联系电话:
	居委名称		居委书记:		联系电话:
	地址				
	物业服务企业名称		物业项目负责人:		联系电话:
	地址				
每年检查1次(可修正)	物业服务企业营业执照	照片或复印件			
	物业招标合同或服务协议	(照片或复印件)填写(服务公司起止日期)			
物业日常工作检查	日常管理机制	门岗日常管理记录完整	合规	违规(照片复印件)	
		房屋安全巡查记录完整	合规	违规(照片复印件)	
		年度绿化养护计划完整	合规	违规(照片复印件)	
		绿化日常巡查记录完整	合规	违规(照片复印件)	
		制定小区日常巡查机制	合规	违规(照片复印件)	

续　表

物业日常工作检查	日常管理机制	日常巡查记录完整	合规	违规（照片复印件）
		巡查中发现有违法问题及时劝阻、处置、上报	合规	违规（照片复印件）
		问题处置情况：		
物业工作机制检查	小区房屋租赁引导记录	建立房屋租赁登记引导管理机制	合规	违规（照片复印件）
		落实每周巡查机制	合规	违规（照片复印件）
		巡查中发现有违法问题及时劝阻、处置、上报	合规	违规（照片复印件）
		问题处置情况：		
	装修申报登记情况	严格履行装修申报登记制度	合规	违规（照片复印件）
		入场前物业登记并发放告知单，签订装修协议	合规	违规（照片复印件）
		发现有违法行为及时劝阻、处置、上报	合规	违规（照片复印件）
		装修过程中落实每日巡查	合规	违规（照片复印件）
		离场时进行检查确认	合规	违规（照片复印件）
		问题处置情况：		
	小区垃圾管理	建立小区生活垃圾分类管理机制	合规	违规（照片复印件）
		按规定开展生活垃圾分类工作	合规	违规（照片复印件）

续　表

		合理设置装修垃圾堆放点	合规	违规（照片复印件）
	小区垃圾管理	与有资质的清运公司签订收运合同	合规	违规（照片复印件）
		清运台账记录完整	合规	违规（照片复印件）
		问题处置情况：		
物业公共秩序和设备管理	小区公共秩序管理	物业、企业不得擅自改变物业管理用房用途	合规	违规（照片复印件）
		不得存在改变物业区域内按规划建设的公共建筑设施用途	合规	违规（照片复印件）
		不得存在擅自挖掘小区内道路场地的行为	合规	违规（照片复印件）
		问题处置情况：		

检查结果：　　　　　　合法合规（　） 责令整改（　）　　　　立案查处（文书编号：　　　　　）
检查原因：　　主动检查（　）　　上级交办（　）　　投诉举报（　）　　其他（　）

物业负责人：　　　　　　　　　　　　　　　居委会：
时间：　　　　　　　　　　　　　　　　　　时间：
检查人员：　　　　　　　　　　　　　　　　检查时间：

住宅小区"双随机、一公开"检查表

检查队员		中　　队	
检查时间		小区名称	
环境秩序	有无乱设摊	□合规　□违规	
	有无"五乱"现象	□合规　□违规	

续　表

环境秩序	有无乱堆垃圾现象	□合规	□违规
	生活垃圾分类管理是否落实到位	□合规	□违规
房屋管理	有无新建违法建（构）筑物	□合规	□违规
	有无破坏房屋外立面行为	□合规	□违规
绿化管理	有无黄土裸露现象	□合规	□违规
	有无砍伐树木的行为	□合规	□违规
	有无毁绿种菜的行为	□合规	□违规
公共秩序	有无破坏公共设施的行为	□合规	□违规
	小区内开挖通道、路面翻修、房屋整新工程等工程建设有无做好文明施工管理	□合规	□违规
检查结果	□违规　□合规		
处置情况			

另附2：

住宅小区物业装修申报登记实施细则

一、适用范围

浦东新区范围内实行物业管理的住宅小区。

二、工作职责

（一）物业服务企业

物业服务企业是住宅小区装修申报登记机制的实施主体，负责装修前宣传告知、装修中日常检查、装修后离场确认，其职责是：

1. 做好宣传告知，及时发放《住宅小区装修申报登记告知书》，明确装修有关注意事项和规定要求，使装修申报登记机制家喻户晓；

2. 收集业主、施工单位有关资料，及时做好申报登记工作；

3. 及时发现、劝阻、制止装修过程中发生的违法行为，对不听劝阻的及时报知执法部门，并协助做好配合工作；

4. 依法委托有资质的建筑垃圾承运企业运输装修垃圾；

5. 完善物业企业的内部管理资料台账。

（二）城管执法部门

街镇城管中队是住宅小区装修申报登记机制中的监管主体，对装修申报登记工作进行定期执法检查，对物业、业委会和居委会上报的装修中发生的违法行为进行执法纠错，其职责是：

1. 检查物业企业的相关管理机制落实情况；

2. 对装修活动中发生的违法行为进行执法管理，具体包括：

（1）违法搭建建筑物、构筑物（含室内插层、开挖地下室、搭建悬挑结构等）；

（2）损坏房屋承重结构（规划图纸中明确标注的墙体以及屋面、楼盖、楼板严禁破坏）；

（3）擅自改建、占用物业共用部分（公共过道、楼梯间、设备间等公用部位严禁占用）；

（4）破坏房屋外立面（严禁扩、建门窗，破坏保温层，改变原始设计）；

（5）改变房屋使用性质（将住房用作办公、商业、仓储等非居住使用，以及改变起居室、卧室、厨卫、阳台、储物间的原始属性）；

（6）损坏或者擅自占用、移装共用设施设备（公共水管、烟道、燃气管道等严禁改动）；

（7）占绿毁绿（砍伐树木、占用绿地、改绿种菜）；

（8）违反装修垃圾处置相关规定（装修垃圾袋装、堆放到小区指定堆放点）。

三、工作流程

（一）开展宣传告知

物业服务企业要依托小区联勤联动工作站，通过发放告知书、利用电子屏等方式加强宣传，让居民、业主知晓装修申报登记的申请途径和申报登记流程。

（二）业主自主申报

业主一旦有装修需求时，可以通过线下或线上方式申报登记。

线下申报：到所属小区物业服务站（点）申报登记，由物业协助使用"美丽家园微智理"小程序进行申报。

线上申报：1.扫描"住宅小区装修申报登记二维码"在线申报；2.关注"浦东城管"微信公众号，进入服务大厅——装修申报，在线申报。

非业主有装修需求的，须告知房屋业主，得到业主同意后，拿好相关申报材料，至小区物业服务站（点）线下申报登记。

（三）物业复核登记

物业复核登记全程在线上完成，按"入场复核——日常检查——离场确认"工作流程自动建立"全生命周期"管理档案。其操作途径：一是电脑端（物业装修申报登记系统），由物业经理对业主提交的装修申报登记信息进行复核，查询装修申报检查数据；二是手机端：通过"美丽家园微智理"小程序进入"装修申报登记"模块，物业检查人员开展日常检查。

申报登记程序是：

1. 入场登记。物业认真审核业主、装修公司相关资料，按照"一户一档"办理装修入场登记，并履行以下职责：

（1）加强日常巡查，发现有装修需求的业主应主动上门提供服务，对非业主提交的装修申报开展线下登记；

（2）严格小区门岗管理，未经申报登记的装修材料一律不得进入小区；

（3）向业主发放《住宅小区装修申报登记告知书》，明确注明房屋承重结构、公用设施设备、物业权属划分、物业使用特性、施工规范要求、装修垃圾处置及其他禁止行为，由申报登记人和施工单位负责人或实际施工人签字确认；

（4）依据有关管理规定对施工方案进行审核，符合装修规定后由物业经办人签字盖章；

（5）遇有业主装修拒不登记，经劝阻无效的，应及时报知属地城管执法部门开展执法处置。

2. 日常检查。日常检查是确保装修申报登记工作质量的重要工作，是对小区实施综合监管的核心：

（1）对小区内的装修行为，物业企业确保做好日常检查工作，遇有小区集体装修等特殊情况的，物业企业应及时加强检查力量配置。整个装修过程分为拆装阶段和涂装阶段，其中拆装阶段物业企业应每日落实不少于一次的检查；涂装阶段物业企业应落实每五日不少于一次的检查。对于在拆装阶段逾期未检查连续3天，涂装阶段5天逾期未检查的，将形成工单推送至城管中队，中队将至现场检查并追究物业未尽管理义务的责任；

（2）在检查过程中发现有涉嫌违规装修行为的，按照：立即通知业主、责令立即停工并先行自行整改、现场拍照固定证据、通知小区门卫劝阻违法施工物品进入小区等程序加强重点监管；

（3）对发现的涉嫌违规装修行为，业主自行整改不力或无法整改、拒绝整改的，物业企业应及时上报属地城管中队进行处置；

（4）每日检查情况及有关问题处置过程记录统一归入日常检查档案备查。

3. 离场确认。业主装修结束时，经物业检查确无违规装修行为的，方可组织离场，离场确认结果作为对装修行为管理终止的依据归档保存。

4. 拒不登记/新增违建。业主装修未按规定进行申报登记的，物业应填写《拒不登记问题上报表》，提交至属地城管中队。物业在日常巡查过程中，发现管辖区域内有搭建违法建筑的，将相关线索通过填写《新增违建问题上报表》提交至属地城管中队。

（四）城管执法保障

城管社区工作室要把落实住宅小区物业装修申报的执法保障作为城管进社区和小区综合监管的任务要求，城管联络队员对物业上报的违规装修问题及时进行依法处置，切实强化执法保障。

1. 街镇城管中队业务中台接到物业上报问题工单后，应当在2小时内接单，并将任务工单通过浦东城管APP下派至责任队员，法律、法规另有特定时限要求的除外；

2. 责任队员接单后应在24小时内至现场进行处置，对于属于城管领域处罚事项的案件,应当严格按照规范化办案处置流程开展执法工作,做到"应转尽转,应处尽处",并应在48小时内完成工单处置,通过"浦东城管"APP将处置情况反馈至物业。

3. 及时对处置结果回复回访,防止问题回潮,并将有关情况及时反馈物业,形成问题"发现—处置—解决—反馈"的工作闭环。

四、责任追究

（一）物业方面

物业服务企业未尽相关履职义务的,根据《上海市住宅物业管理规定》和《上海市浦东新区推进住宅小区治理创新若干规定》的相关内容,将依法予以处置。

（二）执法方面

此项工作纳入中队年度绩效考核,对于工作落实不到位的,将根据考核细则予以扣分,并对相关中队进行约谈。

住宅小区装修申报登记工作表单
入 场 登 记 表

房屋地址		业主姓名		联系电话		
装修单位类型	个人（　） 公司（　）					
装修单位		装修负责人		联系电话		
装修施工项目内容				入场日期	年　月　日	
				预计离场日期	年　月　日	
附件清单（公司必填、个人选填）	1. 装修单位营业执照(复印件),公司					
	2. 装修单位资质证书(复印件),公司					
	3. 装修负责人身份证(复印件),公司或个人					
	4. 业主身份证(复印件),公司或个人(不上传照片填写身份证号码)					
	5. 房屋所有权证(或者证明其合法权益的有效凭证)					
	6. 业主委托书或装修合同协议,公司或个人					
	7. 物业告知单(业主、装修单位签收),公司或个人					
	8. 其他_____					

续 表

物业服务企业意见	同意（ ） 其他（ ） 　　　　　　　　　　　经办人：　　　　　年　　月　　日

日常检查表

房屋地址		业主姓名		联系电话	
装修单位		装修负责人		联系电话	
检查人				检查日期	年　月　日
检查内容	1. 违法搭建 （地下室、内插层、悬挑、天井庭院搭建、阳光房等）				
	2. 损坏承重结构 （改变承重构件、扩大承重墙上门窗尺寸、拆除连接房屋与阳台墙体等）				
	3. 改变房屋使用性质 （阳台、卧室、起居室改为厨卫，厨卫、阳台改变用途等）				
	4. 破坏房屋外貌 （改变外立面及色调、非承重墙上开门窗等）				
	5. 有群租隐患 （房屋分隔、私拉水电煤等）				
	6. 擅自改动燃气入户管道位置				
	7. 入户门外扩、圈占公共通道				
	8. 破坏公共设施设备 （破坏公共烟道、管道，破坏外墙保温层，破坏消防设施等）				
	9. 装修垃圾未规范袋装、未堆放至指定暂存点				
	10. 其他				
检查照片	现场照片				
物业服务企业管理措施	已劝阻自行改正（ ） 劝阻无效问题上报（ ） （推送"浦东城管"APP 产生工单到街镇中队） 　　　　　　　　　　　检查人：　　　　　年　　月　　日				

离 场 确 认 表

房屋地址		业主姓名		联系电话	
装修单位		装修负责人		联系电话	
装修施工项目内容				离场日期	年 月 日
确认内容	违法搭建				
	损坏承重结构				
	改变房屋使用性质				
	破坏房屋外貌				
	有群租隐患				
	擅自改动燃气入户管道位置				
	入户门外扩、圈占公共通道				
	破坏公共设施设备				
	装修垃圾未规范袋装、未堆放至指定暂存点				
	其他				
物业服务企业确认					
			经办人：	年 月 日	

另附3：

住宅小区执法规范程序实施细则

一、适用原则

《上海市浦东新区推进住宅小区治理创新若干规定》（以下简称《创新规定》）适用于浦东新区范围内的住宅小区。对类住宅、城中村开展相关管理及执法，适用本规定关于住宅小区的相关规定。

浦东新区城管执法人员在小区开展执法管理工作时，在遵守《中华人民共和国行政处罚法》《中华人民共和国行政强制法》《上海市城市管理综合行政执法条例》等法律法规基础上，还需适用《创新规定》的相关规定。

二、程序规范

（一）核实

1. 违法线索核实：接到物业服务企业报告或者投诉举报的，24小时内到现场核实，法律、法规另有特定时限要求的除外。

2. 处置留痕：有涉嫌违法行为的按相关违法行为处置要求，立案调查；无违法行为的，按现有相关规定执行，做好工作记录。

（二）调查取证

1. 取证手段：查处小区内违法行为时，可以依法进入现场取证，当事人拒不配合的，可提请当地公安机关予以协助。

2. 证据材料：对居民委员会、物业服务企业等单位和个人提供的照片、视（音）频等相关资料，经查证属实，可以作为行政执法案件证据材料。

（三）停止（恢复）水电供应

1. 适用事项：违法搭建建（构）筑物；损坏房屋承重结构；破坏房屋建筑立面；擅自改变房屋原始设计。

2. 适用情形：正在实施上述违法行为且当事人拒不停止的。

3. 不得实施停水停电的情形：实施停水停电不得影响居民的正常生活。

4. 工作流程：

（1）实施停水停电工作流程。在执法中确认符合适用事项与适用情形后决定实施停止水电供应的，经行政机关负责人批准：首先，综合执法部门开具《暂时停止相关市政公用服务决定书》送达当事人；同时向市政公共服务单位送达《暂时停止水电供应告知书》，相关单位在收到告知书后于三个工作日内安排工作人员上门实施暂停措施,并将实施时间告知综合执法部门。其次,综合执法部门在收到相关单位的实施时间后落实执法保障力量,并安排两名以上执法人员在现场做好实施过程记录,确保暂停供应措施顺利进行;相应市政公共服务单位安排工作人员,对相关用户进行有效切断,记录表具读数,上封条,标注切断日期;物业公司将电表箱及水表箱上锁。

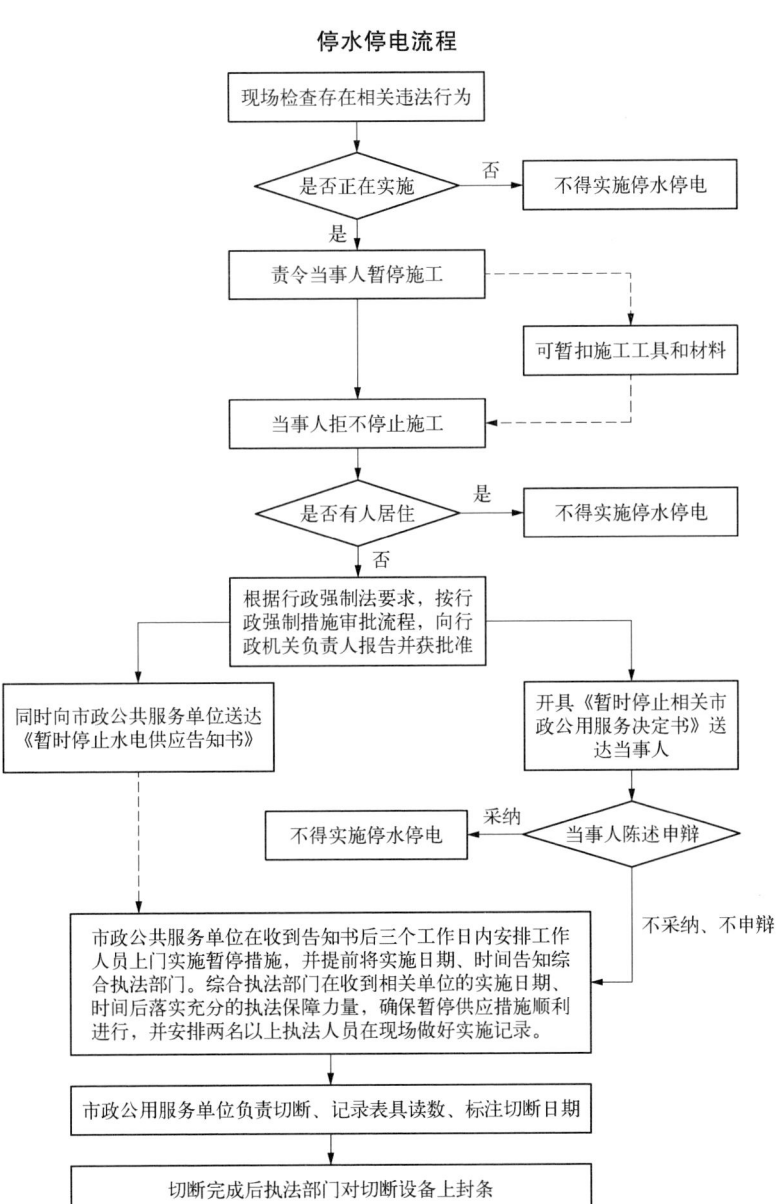

停水停电流程

（2）恢复水电供应工作流程。在相关违法行为得到整改，违法后果消除（需要专业第三方鉴定的则必须提供鉴定报告）得以确认后，综合执法部门向当事人送达《恢复相关市政公用服务决定书》，同时向市政公共服务单位送达《恢复水电供应告知书》，相关单位在收到告知书后立即安排工作人员上门实施恢复，并通知执法人员到场全程记录相关恢复供应情况。其间市政公共服务单位产生的物品损耗费用由属地政府承担。

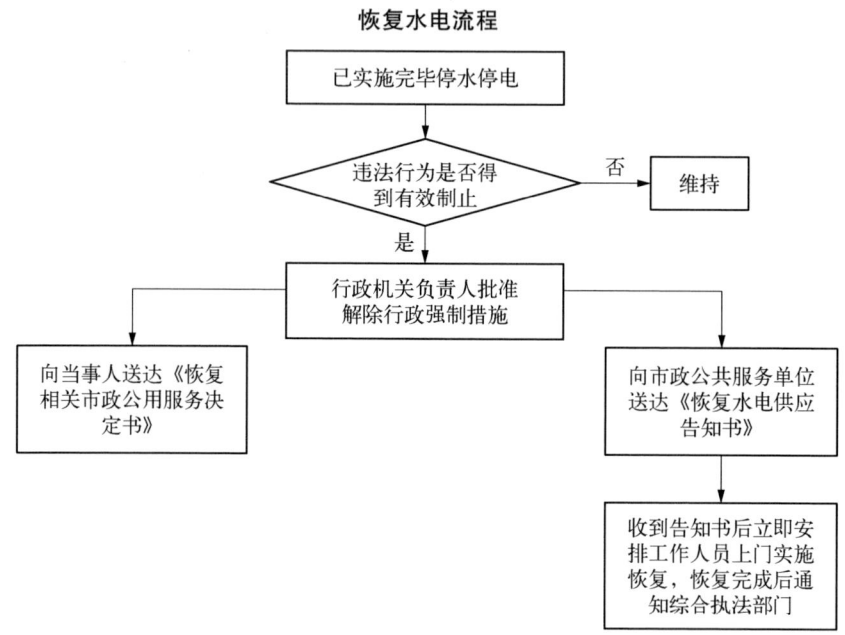

（3）对接部门。

停止（恢复）水电供应相关对接部门

事项	部门	地址	联系人	联系方式	业务范围	备注
停电（恢复）受理	国网上海市电力公司浦东供电公司	浦电路111号	任杰	138××××4276 021-2898××××	全区	
停水（恢复）受理	上海临港供排水发展有限公司	浦东新区两港大道1000号	凌俊	136×××× 8905 021-3895××××	北至大治河，西至G1501高速公路—奉贤浦东新区界—浦东铁路	浦东新区共有四家供水企业，覆盖不同的服务

续　表

事项	部　门	地址	联系人	联系方式	业务范围	备注
停水（恢复）受理					四团站（平安站）预控制用地——三团港接规划两港大道接中港，东、南至规划海岸线。主要包括书院、万祥、泥城、南汇新城四个镇的全部，还有大团、惠南镇的一部分，还有奉贤海湾镇和四团镇的一部分	区域，可能会出现一个街镇同时多家供水公司的情况，综合执法部门根据不同区域选择相应的服务企业进行送达
	上海浦东新区自来水有限公司	浦东新区华夏东路1691弄75号	赵峻	137××××1622 021-5837×××	川沙新镇、合庆镇、唐镇和六团区域	
	上海南汇自来水有限公司	浦东新区沪南公路9800号	周荣	139××××5531 021-2091×××	康桥镇、周浦镇、航头镇、新场镇、宣桥镇、大团镇、惠南镇、老港镇（含滨海社区）、祝桥新镇（原盐仓、祝桥、东海）、川沙新镇(原六灶镇)	
	上海浦东威立雅自来水有限公司	浦东新区浦建路703号	王慧隽	136××××6438 021-6165×××	浦东新区浦建路703号。覆盖范围：浦东新区北部地区，东起长江，西至黄浦江，北到凌桥三岔港，南到外环线、迎宾大道、闻居路，包括浦东国际机场、上海国际旅游度假区以及闵行区浦江镇	

（四）注记

1. 适用事项。在原有违法搭建建(构)筑物、损坏房屋承重结构事项的基础上，新增破坏房屋建筑立面、擅自改变房屋原始设计、违规群租等三项违法行为。

2. 适用情形。存在相关违法行为即可适用（不区分正在实施或已实施完毕）。

3. 工作流程。注记流程严格依据"上海市城市管理行政执法局关于印发《违法建筑和损坏房屋承重结构的注记和解注记工作规范》的通知"（沪城管执〔2018〕9号）相关流程以及解注工作相关规定。

（关于破坏房屋建筑立面、擅自改变房屋原始设计、违规群租三项违法行为的注记，因目前区房地产交易中心系统问题无法开展。此问题由市相关部门统一牵头解决，法规处会房管大队对接跟踪，待问题解决后及时通知）

（五）行政处罚简化流程

1. 简化流程快速办理的适用需同时满足如下条件：

（1）违法事实清楚；

（2）当事人自愿认错认罚；

（3）对法律适用没有异议；

（4）主动配合整改；

（5）经当事人书面提出。

2. 办理流程：

（1）当事人书面提出；

（2）复核符合上述条件的；

（3）依法作出相关处罚决定。

（关于简化流程快速办理，将由市城管执法局出台相应文件予以规范，法规处对接跟踪，文件发布后以执法指引的形式另行下发）

（六）张贴公示送达

一般情况下，法律文书送达应当依照法律规定采用直接送达、留置送达、邮寄送达和公告送达等方式送达。

但符合下列情况的，可张贴公示送达：

1. 适用事项：违法搭建建(构)筑物；

2. 适用情形：已进行了直接送达，但直接送达无法送达；

3. 送达方式：张贴公示送达；

4. 张贴位置：小区公告栏和涉案建(构)筑物出入口或其他显著位置；

5. 张贴期限：十日；

6. 送达流程：邀请见证人到场并送达，填写《送达回证》同时拍照摄像。

(七) 裁执分离

1. 适用情形：

(1) 已依法申请强制执行的案件；

(2) 属于履行具体行为的处罚执行决定(人身自由罚、财产罚、声誉罚等不属于该范畴)。

2. 工作流程：

(1) 已制作并送达相关决定书；

(2) 当事人在六个月内不履行、不复议、不诉讼；

(3) 街道办事处、镇人民政府依法申请浦东新区人民法院强制执行；

(4) 经法院审核后，裁定准予强制执行；

(5) 由提交该申请的街道办事处、镇人民政府组织实施，并由法院派员现场指导监督。

城管执法部门/乡镇人民政府/街道办事处
暂时停止相关市政公用服务决定书

沪浦城管/__镇/街道停决字〔   〕第   号

_____：

　　经查，你(单位)于____年____月____日____时____分在_____，正在实施涉嫌□违法搭建建(构)筑物□损坏房屋承重结构□破坏房屋建筑立面□擅自改变房屋原始设计的行为，违反了《_____》第__条第__款第__项规定，本单位已于____年____月____日____时____分依法责令你(单位)暂停施工，且你(单位)拒不停止施工。以上事实有_____等材料证明。

　　依据《上海市浦东新区推进住宅小区治理创新若干规定》第十九条第二款之规定，本机关决定暂时停止该处的□水□电供应。

　　如对于上述内容有异议的，你(单位)可以在____年____月____日____时____分前，携带有效证件及与涉案建筑物相关的证明文件到_____进行陈述或申辩。

　　如你(单位)不服本决定，可以在收到本决定书之日起六十日内，向上海市浦东新区人民政府申请行政复议，也可以在六个月内直接向上海市静安区人民法院提起诉讼。行政复议或行政诉讼期间，本决定不停止执行。

综合执法部门全称(加盖公章)

年　　月　　日

签收人：　　　　　　　　　　　　时间：
见证人：　　　　　　　　　　　　时间：

(本文书一式两联，第一联交当事人，第二联存卷)

城管执法部门/乡镇人民政府/街道办事处
恢复相关市政公用服务决定书

沪浦城管/__镇/街道恢决字〔　　〕第　　号

_____：

　　经查,你(单位)在_____实施涉嫌□违法搭建建(构)筑物□损坏房屋承重结构□破坏房屋建筑立面□擅自改变房屋原始设计的行为,已于____年____月____日____时____分得到有效制止。以上事实有_____等材料证明。

　　本单位将依据《上海市浦东新区推进住宅小区治理创新若干规定》第十九条第二款之规定,于____工作日内,通知市政公用服务单位恢复该处的□水□电供应。

　　如你(单位)不服本决定,可以在收到本决定书之日起六十日内,向上海市浦东新区人民政府申请行政复议,也可以在六个月内直接向上海市静安区人民法院提起诉讼。

综合执法部门全称(加盖公章)
年　　月　　日

签收人：　　　　　　　　　　　　　时间：

(本文书一式两联,第一联交当事人,第二联存卷)

城管执法部门/乡镇人民政府/街道办事处
暂时停止水电供应告知书

沪浦城管/____镇/街道停告字〔　　〕第　　号

供水、供电公司名称

　　经核查,当事人_____于_____正在实施涉嫌□违法搭建建(构)筑物□损坏房屋承重结构□破坏房屋建筑立面□擅自改变房屋原始设计的行为,我单位已于____年____月____日____时____分依法责令其暂停施工,且当事人拒不停止施工。请按照《上海市浦东新区推进住宅小区治理创新若干规定》第十九条第二款之规定,于____年____月____日____时予以□停电□停水处理,并将处理结果予以复函。

　　特此告知

综合执法部门全称(加盖公章)

年　　月　　日

联系人:　　　　　　电话:　　　　　　联系地址:
附:1.《责令停止建设、限期拆除决定书》/《责令改正通知书》
　　2.涉案建筑的方位图

签收人:　　　　　　联系电话:　　　　　　时间:

(本文书一式两联,第一联交被告知单位,第二联存卷)

城管执法部门／乡镇人民政府／街道办事处
恢复水电供应告知书

沪浦城管／____镇／街道恢告字〔　　〕第　　号

<u>供水、供电公司名称</u>

　　经核查,当事人_____于_____实施的涉嫌相关违法行为,已于____年____月____日____时____分得到有效制止。请按照《上海市浦东新区推进住宅小区治理创新若干规定》第十九条第二款之规定,予以恢复□电□水供应,并将处理结果予以复函。

　　特此告知

综合执法部门全称(加盖公章)
年　　月　　日

联系人：　　　　　电话：　　　　　联系地址：

附：1.《暂时停止水电供应告知书》复印件
　　2.涉案建筑的方位图

签收人：　　　　　联系电话：　　　　　时间：

(本文书一式两联,第一联交被告知单位,第二联存卷)

第五章

浦东城管数字化转型

2021年，上海市委、市政府发布了《关于全面推进上海城市数字化转型的意见》，为浦东城管的数字化转型提供了政策导向和理论支撑。同年，《浦东新区全面推进城市数字化转型"十四五"规划》的正式发布，进一步明确了转型的方向和目标。区委、区政府提出"确保'智慧城管'建设注重实效，综合水平走在全市前列"的工作要求，更是为浦东城管数字化转型标定了精确的锚点。

一、数字化浪潮中的转型抉择

在城市快速发展的进程中，浦东城管数字化转型已成为适应时代需求、提升管理效能的必然选择。随着浦东城市化进程的不断加速，城市规模持续扩张，人口大量涌入，城市管理事务呈现指数级增长的态势。传统的管理模式和手段在应对如此复杂多变的城市管理任务时，愈发显得捉襟见肘。

在日常管理中，对于违法建设的管控，传统方式往往依赖人工巡查，不仅覆盖范围有限，而且难以及时发现隐蔽性较强的违建行为。对于环境污染问题，其监测也缺乏实时性和精准性，常常在已经造成较大影响后才察觉问题。而对于交通违法现象，也往往执法效率低下，难以实现全方位、不间断的监管。这些现实困境，迫切要求浦东城管寻求更为高效、精准的管理模式。

（一）政策推动数字化转型进程

1. 市级政策引领方向

《关于全面推进上海城市数字化转型的意见》重点指出了数字化在城市治理中的核心引领地位，为浦东城管的转型工作提供了坚实的理论基础和宏观的政策导向。它明确了数字化转型是城市发展的必然趋势，促使执法队伍深刻认识到数字化手段在提升管理效能、优化资源配置等方面的巨大潜力，从而积极投身于数字化转型的浪潮之中。

2. 区级规划明确目标

《浦东新区全面推进城市数字化转型"十四五"规划》紧密结合浦东的区域特色和发展需求，明确了转型的具体方向和阶段性目标，将数字化转型的理念细化到城市管理的各个领域和环节。例如，在城市管理的数据资源整合、智能应用场景拓展等方面提出了具体的规划要求,让数字化转型有了更为清晰的行动指南和明确的奋斗目标。

3. 区级要求提供动力

区委、区政府对浦东城管提出"确保'智慧城管'建设注重实效,综合水平走在全市前列"的工作要求。这一要求不仅明确了浦东城管数字化转型的高标准定位,更体现了对其转型工作的殷切期望。它促使浦东城管在数字化转型过程中勇于创新、敢于实践,积极探索适合自身发展的数字化道路,努力在全市城管系统中树立标杆,发挥引领示范作用。

(二)浦东城管数字化转型契机

事实上,浦东城管早在2020年即开启智能化建设探索工作。工作初期,于秀浦路2595号设立指挥大厅,构建"局—中队—队员"三级智能化指挥体系,整合城管执法综合信息平台、街镇城管中队微平台和队员终端等关键节点,形成智能化应用作战体系。同时,布局智能视频探头、开发智能车巡网络并建立颜色管理工作机制,初步实现业务流程智能化,为后续数字化转型积累实践经验和技术基础。此后随浦东城管执法局办公地址迁移,指挥大厅功能全面升级,实现"一屏观全域,一网管全程,一键呼全员",通过指挥大屏可以直观展示工作实时情况,借助多平台互通实现执法流程网络化管理,集成系统优化达成一键全员呼叫功能,推动指挥作战系统向数字化转型。

2022年,为进一步深化浦东城管数字化转型工作,浦东城管执法局信息指挥中心正式成立。信息指挥中心作为全区城管执法系统信息技术运用与管理的核心枢纽,在决策支持、信息技术运用与管理、协调调度等方面发挥关键指挥职能,标志着浦东城管数字化转型进入新阶段。

二、建立浦东城管数字化转型的应用体系

在设立信息指挥中心的基础上,浦东城管积极探索创新,构建了"1+2+3+N"指挥体系,为城市管理数字化转型打造了坚实的应用架构。其中,"1"代表统一的数据底座,是整个体系的根基,为数字化转型提供坚实的数据支撑;"2"涵盖指挥调度和AI中台,犹如大脑和智慧引擎,赋予城管执法高效的指挥协调能力和智能分析决策能力;"3"包括数字化智能监管、信息化勤务应用、科学化办公管

理系统,从执法监管、勤务执行到内部办公,全方位推动城管工作的数字化变革;"N"则象征着多个应用场景,为解决城市治理中的各类问题提供多样化的数字化解决方案。

(一)"1":统一的数据底座

数据底座作为浦东城管数字化转型的基石,其构建标准遵循"统一底座、归口管理、分级使用、数据共享"的原则,确保了数据的准确性、完整性和一致性。在数据采集源头,每一个环节都经过精心设计和严格把控,通过不断清理数据、整合资源,确保有效质量监控;同时,定期开展数据审核和更新,保证数据的时效性和可靠性。例如,对执法监管检查频率和重点行业监管对象的需求进行分类分级,建立相应的数据库,确保数据能够精准地反映实际情况。

为保障数据安全,浦东城管建立了完善的数据安全管理体系。采用先进的加密技术,对数据进行加密处理,防止数据被非法窃取;严格的访问控制措施,确保只有授权人员才能访问敏感数据。浦东城管通过全方位的安全防护手段,有效防止数据泄露和被非法篡改,让数据真正成为城市管理中可靠的资源。此外,在数据的存储、传输和使用过程中,浦东城管亦始终将安全放在首位,为数字化转型提供了稳定的数据环境。

(二)"2":指挥调度和AI中台

指挥调度平台作为浦东城管的指挥中枢,围绕研判、指挥、分析三大核心职能全面展开工作。其工作机制科学高效,通过建立"专业问题支(大)队牵头、属地配合,综合问题属地为主、支(大)队支撑,复杂问题指定牵头、合力支撑"的工作机制,实现了精准派单、分级响应、高效处置、过程留痕,确保了权责清晰、分工明确。在面对各类城市管理问题时,这一工作机制能够迅速协调各方资源,实现快速响应和有效处置。例如,在处理突发的城市环境问题时,指挥调度平台能够根据问题的性质和严重程度,及时派遣专业的执法队伍前往现场,同时协调属地部门提供支持,确保问题得到妥善解决。

指挥中心还充分运用外设移动监测设备及固定监控设备,加强了街面、水上和空中的立体化感知设施布局和整合运用,形成了空中与地面遥相呼应,空、地、人一体的可视化指挥调度平台。通过这些设备的实时数据传输,指挥中心能够全面掌握城市管理的动态情况,实现对执法过程的实时监控和指挥。这不仅提高了执法效率,还增强了执法的公正性和透明度,为城市管理工作提供了有力的技术支持。

AI中台作为整合人工智能技术和资源的平台,在数字化转型中发挥着核心作用。它集成了现有AI算法模型,能够高效处理海量数据,并将其转化为有价值的信息。通过强化智能服务功能,为数据处理和分析赋能,为城管执法提供科学准确的参考依据。例如,在对城市街面秩序的管理中,AI中台能够对视频监控数据进行实时分析,智能识别出各类违法行为,如乱设摊、占道经营等,并及时将相关信息推送给执法人员,实现精准执法。

此外,AI中台还进一步融合链接业务中台和数据中台,实现了数据与业务的深度融合。通过与业务系统的紧密结合,AI中台能够根据业务需求提供个性化的智能解决方案。同时,数据中台为AI中台提供了丰富的数据资源,支持其不断优化算法模型,提升智能分析的准确性和可靠性,可以说为城市管理领域带来了更智能、高效的解决方案。

(三)"3":数字化智能监管、信息化勤务应用、科学化办公管理系统

1. 数字化智能监管体系

由固定视频探头、移动视频探头、数据采集车和无人机搭载各类设备等数据发现采集工具组成,构建了全方位、多层次的城市管理数据采集网络。这些设备借助传感器和监控设备,能够及时捕捉各类城市管理问题,如违法建设、环境污染、交通违法等。通过人工智能和大数据分析等先进算力工具,对采集到的数据进行深度处理和分析,实现对城市管理的实时智能监管。例如,利用大数据分析技术,对城市垃圾产生和处理情况进行实时监测,预测垃圾产生量的高峰时段和区域,合理调配垃圾处理资源,提高垃圾处理效率。同时,通过对海量数据的精准分析,能够提前预判潜在问题,为城市管理决策提供科学依据,做到防患于未然。

2. 信息化勤务应用体系

该体系由智能移动终端、"浦东城管"APP、办案系统、智能语音文字识别等辅助执法办案工具组成,为执法人员提供了便捷、高效的执法手段。执法人员通过手持智能执法终端,可以实时接收勤务指令,开展勤务管理工作。在执法检查过程中,利用智能语音文字识别技术,快速记录执法情况,提高执法效率。通过"浦东城管"APP,执法人员可以随时上传执法数据,实现与指挥中心的实时信息

交互。这些数据为后续的分析、决策、查询提供了有力支持,不仅提升了执法的精准度,还增强了执法的公正性和规范性。例如,在处理违法经营案件时,执法人员可以通过智能移动终端查询相关法律法规,现场录入案件信息,上传证据照片,实现快速办案,同时保证执法过程的规范和透明。

3. 科学化办公管理体系

由政务随申办、钉钉、OA信息系统、人员信息库、资产管理等办公系统组成,致力于完善和优化数字化办公、管理、培训、考核、保障等内部管控机制。在这个平台上,日常的文件处理实现了在线协作,提高了办公效率;复杂的任务分配通过系统自动推送,确保了任务落实到人;队员的培训提升通过数字化课程和在线学习平台,实现了个性化培训;绩效的科学考核借助大数据分析,变得更加客观公正。从资源的合理配置到保障措施的有效落实,每一个环节都在数字化的轨道上高效运行。安全便捷、客观直观的数字化管理平台,不仅能提高工作效率,还能降低管理成本,为浦东城管的数字化转型提供坚实的内部支撑。

(四)"N":多个应用场景

1. 街面秩序场景

通过智能传感器收集数据,深入研究城市运行管理的健康体征指数,对街区治理进行"靶向治疗"。例如,在商业繁华区域,传感器能够实时监测人流量、车辆流量、环境卫生等数据,当发现某区域人流量过大导致违法经营或环境卫生问题时,系统会自动发出预警,指挥中心可以及时调配执法人员进行疏导和清理,确保街区秩序井然。同时,利用数据分析结果,合理规划商业布局,优化公共设施配置,提升市民的生活体验。

2. 渣土治理场景

利用大数据分析和人工智能算法实时监测渣土运输车辆,借助智能识别技术监管新增垃圾类型,实现精准治理。通过在渣土运输车辆上安装卫星定位和传感器设备,实时掌握车辆的行驶路线、运输量等信息,对渣土运输过程进行全程监控。一旦发现车辆偏离规定路线、超载或未密闭运输等违规行为,系统会立即发出警报,执法人员可以及时进行查处。同时,也会对新增垃圾类型进行智能识别,如建筑垃圾、装修垃圾等,便于分类管理和处理,提高渣土治理的效率和质量。

3. 排污治理场景

依靠智能水质和空气质量监测设备多渠道收集数据，一旦发现异常立即启动告警机制，为生态环境保驾护航。在城市河流、湖泊等水域设置水质监测点，实时监测水质变化情况，包括酸碱度、溶解氧、化学需氧量等指标。在工业园区、居民区等重点区域安装空气质量监测设备，监测二氧化硫、氮氧化物、颗粒物等污染物浓度。当监测数据超过设定阈值时，系统将自动向相关部门发送告警信息，执法人员迅速开展排查工作，确定污染源并采取相应措施，确保生态环境安全。

4. 燃气场景

借助智能燃气泄漏传感器感知泄漏情况并及时报警，有效提高安全保障水平。在燃气管道、燃气使用场所等关键位置安装智能传感器，实时监测燃气浓度。一旦检测到燃气泄漏，传感器立即触发报警装置，同时将报警信息发送至指挥中心和相关用户。指挥中心迅速调度应急救援力量前往现场，采取紧急处置措施，如关闭燃气阀门、疏散周边人员等，防止事故发生，从而保障市民生命财产安全。

5. 水上交通场景

利用智能监控设备监测码头安全和环境污染，保障水上交通安全有序。在码头、航道等区域安装高清摄像头、雷达等监控设备，对船舶航行、货物装卸、码头设施等情况进行实时监控。通过图像识别技术，自动识别船舶违规停靠、超载运输等行为，并及时通知执法人员进行处理。同时，对码头周边水域的水质、油污等情况进行监测，防止船舶污水排放和油污泄漏对水环境造成污染，确保水上交通的安全和环境的清洁。

三、数字化转型实战应用及效果

(一) 无人机在城市治理中的应用

1. 构架与运行逻辑

浦东城管无人机智能监管应用平台由数字机场系统、监管要素系统、问题处置系统和飞行控制中心四大系统构成。数字机场系统作为无人机的起降和停放场所，其建设布局遵循"星罗式分布，网格化管理"的原则，目前已在花木、张江、金桥等17个街镇完成部署，覆盖浦东80%的适航区域。监管要素系统明确了无人机监管的对象和事项,涵盖生态、交通、规土、市容、房管、农业六大领域的 53 个执法监管事项,以及 627 项时空监管对象库,确保监管的全面性和精准性。问题处置系统通过"规划—巡查—发现—研判—确认—处置—反馈—存档"的闭环流程,实现对问题的高效处理。飞行控制中心作为整个系统的中枢,由 15 名工作人员组成,施行 7 * 24 小时全天运作机制,对无人机的指挥、识别、指令等实现远程操作,确保监管的时效性和准确性。

2. 机场建设

自 2022 年 12 月起,浦东城管逐步推进无人机机场建设,目前已在区内部署了共 19 个固定机场,考虑到电池续航原因,每个无人机机场覆盖半径为 5 公里,覆盖面积大约 850 平方公里,另设有一台移动车载机场,共同形成了浦东城管数字机场的网格化布局。机场建设过程中,严格遵循选址标准,确保机场位置合理,信号良好,视野开阔。同时,加强安全评估,远离高压线、高层建筑等危险因素,保障无人机飞行安全。在机场安装部署方面,严格按照施工注意事项进行操作,由专业技术人员完成设备的安装、调试和维护,确保机场的正常运行。

3. 监管要素

数字机场根据监管要素的行业特性,确定了详细的监管事项和对象。在生态环境领域,对内河港口码头的物料覆盖情况、建筑垃圾资源化利用场所的作业排放情况、废品回收站的露天堆放情况等进行监管,同时通过对环保督察点位的摄像对比,防止问题"回潮"。在交通路政领域,监管航道上船舶的各类违规行为,如未悬挂国旗、超档停靠、载运易扬尘货物未遮盖等,以及市级重点非法客运区域的人流、车流和揽客现象,驾培教练车的非规定场地带教行为等。在规划土地领域,重点监管拆后地块的违法用地和违法搭建情况。在市容城建领域,对建设工程的防尘措施、车辆运输、围栏设置等进行严格监管,同时关注装修垃圾中转站的车辆资质、防尘措施等问题,以及无序设摊综合治理点位的市容环境问题。在房屋管理领域,保护历史保护建筑的完整性,监管别墅区的新增违建、装修和房屋外貌破坏等行为。在农业执法领域,对渔业船舶的违规捕捞、临水作业安全等进行监管,维护渔业资源和水上安全秩序。

4. 问题处置系统

该系统以高效发现和解决问题为目标,通过优化全自动飞行航线设置,整合形成一套闭环的问题处置流程。任务规划阶段,根据监管需求和目标区域,合理制订无人机飞行任务计划,包括飞行路线、高度、速度、拍摄角度等参数,确保能够全面覆盖监管区域。自动巡航过程中，无人机按照预设计划采集数据，并实时传输回地面控制中心。数据研判环节，利用人工智能算法对回传数据进行识别和分析，通过四类研判机制检测违法行为或异常情况。线索（证据）生成后，及时推送给执法人员或相关部门进行现场核实。执法人员根据线索迅速赶赴现场，依法进行处置。处理结果反馈给指挥中心，以便对整个监管处置过程进行评估和总结，不断优化监管措施。最后，所有飞行数据、识别结果、处置情况等都进行存档，为后续查询和统计分析提供数据支持。

5. 飞控中心

飞控中心作为浦东城管无人机数字化监控的最强大脑，其运作机制高效且智能化。在日常监管中，数字机场无人机在预设航线上自动调整飞行姿态、云台角度等，自动开展巡航检查，无须人工实时操作，大幅提高了监管的时效性和准确性。巡航结束后，无人机通过专网自动回传数据，自动返航充电，等待执行下次任务。目前，整套系统运作已实现从指挥中心接到指令到无人机抵达现场直播视频画面仅需7分钟的高效运转，并可实现6小时对浦东217公里航道的全部巡查。在应急处置方面，飞控中心能够迅速响应，当遇到突发紧急事件时，如住宅小区或工厂突发安全事故等，可立即调度就近的无人机赶赴现场，回传共享现场画面，为应急决策提供及时准确的信息支持。

6. 飞行模式及应用效果

（1）常态巡航。针对固定监管对象，如住宅小区违建情况、历史建筑物管理维护情况等，无人机根据预设的航班航线、飞行频次自动执行飞行任务，开展巡检航拍。通过定期对这些区域进行巡查，及时发现违建的苗头，为后续的执法工作提供有力证据，有效遏制了违建行为的发生，保护了城市规划的严肃性和居民的合法权益。

（2）计划申航。主要针对非固定监管对象或不需要常态化监管的固定监管对象，例如春运期间长途客运非法载客现象，各支大队、中队可根据业务需求提出临时性飞行任务。这种灵活的飞行模式能够满足特定时期和特定对象的监管需求，提高了监管的针对性和有效性，有效打击了各类非法客运行为，维护了交通运输市场的正常秩序。

（3）处突急航。在有突发紧急事件时，如住宅小区或工厂突发安全事故等，其他委办局、单位可联系局指挥中心，飞控中心会立即调度就近的无人机赶赴现场，回传共享现场画面。这一模式为应急救援工作提供了实时准确的信息支持，帮助指挥人员迅速了解事故现场情况,制订科学合理的救援方案,提高了应急处置的效率和成功率。

(4)专项援航。对于大型整治行动、专项任务等,如节假日景区周边非法客运整治行动、街镇市容顽点销项行动等,局指挥中心可派遣无人机小组,协助完成整治行动。无人机凭借其高空视角和快速机动性,能够对整治区域进行全面监控,为执法人员提供准确的信息,既提高了整治行动的效果和精准度,又提升了城市管理的水平和形象。

(二)数采车在街面秩序管理中的应用

1. 资源整合与技术应用

浦东城管聚焦街面市容环境秩序管理,通过创新手段整合资源,构建起了强大的数字化治理体系。在资源整合方面,通过安装街镇城管"微平台"乱点监控探头和"城管球",以及共享公安、城运探头资源等方式,实现了全区3 000余路视频探头资源的全面汇集。这些探头分布在城市的各个角落,形成了一张严密的监控网络,对区域乱点及街面违法行为可进行多要素、全天候监管。同时,由34辆执法车辆组成的车巡队伍,亦成为街面秩序的移动守护者。每辆巡查车上装有8个全景智能摄像头,采用视频甄别和图像对比分析技术,在全区内实施定速不定时的街面秩序移动侦查和智能抓拍,实现了对各类街面违法行为的现场主动发现和线上闭环处置。

2. 智能场景算法模型开发与应用

针对跨门营业、乱设摊和占道洗车等街面环境秩序的突出问题,浦东城管积极开发了多维度智能场景算法模型。通过对大量街面秩序数据的分析和学习,该模型能够精准识别各类违法行为的特征和模式。例如,在识别跨门营业行为时,算法模型可以根据店铺门口的物品摆放、人员活动范围等因素进行判断;对于乱设摊行为,能够通过对摊位形状、位置以及周边人员聚集情况等进行分析识别;占道洗车行为则可以通过对道路上的水渍、车辆停放位置和洗车工具摆放等特征进行智能判断。一旦发现可疑情况,系统会自动发出警报,并将相关信息推送至执法人员的移动终端,实现了对街面违法行为的智能识别、自动采集和精准聚焦,有效提高执法效率和精准度。(具体内容详见第二章)

3. 街面秩序分类分级执法监管模式实施与效果

全面推行街面秩序分类分级执法监管模式,根据不同区域、不同时段、不同违法行为的特点和规律,科学、高效地部署执法管理资源。例如,将商业繁华区域、学校周边、居民区等划分为不同的监管等级,在商业繁华区域加大执法巡查力度和频率,尤其是在节假日和高峰时段,重点防范和整治各类违法行为;学校周边则在上下学时间段加强对流动摊贩、乱停车等行为的管理,保障学生的出行安全和校园周边环境秩序。这种模式的应用,有效缓解了浦东城市管理人机不匹配难题,提高了执法资源的利用效率,使得街面秩序得到显著改善,城市环境更加整洁、有序。

(三) 渣土数字化治理体系的构建与应用

1. 三级指挥体系与技术应用

浦东城管构建了渣土治理三级指挥体系,利用电子围栏卫星定位系统信号触发机制和道路卡口视频资源,实现了对渣土运输流量流向的实时感知,并实现了数字监管、远程指挥、查打结合、智能派单的全流程管理。通过在渣土运输车辆上安装卫星定位系统,结合电子围栏技术,当车辆进入或离开特定区域时,系统会自动触发记录,实时掌握车辆的行踪。同时,利用道路卡口视频资源,对车辆的外观、运输状态等进行实时监控,确保渣土运输过程全动态掌握。借助图像识别分析技术,能够智能发现渣土运输车辆的"卫星定位系统离线""车容不洁""未密闭"和"跑冒、滴漏"等违规行为,为执法提供精准的依据。

2. 工作开展中的措施与效果

(1)抓源头,精细管理工地。对接行业管理部门申报数据,建立"行业管理部门—执法监管部门—技术公司"三方共享互联的数据库体系,并配套信息数据动态更新和维护机制。对新增出土工地、卸点及时采集信息,对已完工点位及时调整状态,确保数据库准确有效。对每日出土工地推行"三推一查"工作机制,平台计算工地实时出土后,自动推送提示短信至出土工地、专营企业、街镇中队负责人,通知相关单位做好执法检查准备。对新增超量出土和卸土事件实施告警机制,一旦实际出土量超出申报量或消纳卸点新增实际卸土量,平台进行预警告知并派单核查。对申报的在建出土工地实施固守机制,结合渣土行业违法行为夜间高发特点,每日安排车巡及车载视频探头智能监管,同时依托无人机平台对申报出土工地、备案消纳卸点定期巡航。通过这些措施,从源头上规范渣土运输管理,有效减少渣土运输过程中的违规行为。

(2)盯运输,监管车辆动态。每天实时监管各专营企业所属车辆卫星定位系统开启情况,新增以企业为主体的汇总统计功能,为渣土治理提供线索及核查重点。以执法车为载体,通过升降设备连接智能监控探头,实现车载视频流动式抓拍。对视频数据智能分析、实时判断,上传至数据中台生成非现待办工单,大幅提高对非固定道路、点位的流动执法覆盖面,持续发挥"流动哨卡"功能。通过对交通要道、大型卸点以及与外区交界处重点区域探头摄取的视频、图片的智能分析,发现违法车辆。通过全方位的车辆动态监管,有效遏制渣土车辆的违法运输行为,保障道路交通安全和城市环境整洁。

(3)守进口,规范管理消纳。推行"未到卸点"核查机制,优化渣土场景"未到卸点"功能,逐车跟踪核查并每日汇总情况,加强对黑卸点的研判分析。通过车辆卫星定位系统信号在地图上的异常聚集,实时研判、告警疑似违规出土、偷乱倒等擅自处置的违法行为。对高度疑似违规作业的嫌疑事项,发送点位信息至可视化指挥调度平台,一键圈选附近数据采集车辆下发任务工单,使其由巡查模式转为实战指挥模式,前往现场核查、拍照取证,并呼叫属地中队前往处置。通过严格的消纳管理,规范渣土消纳市场秩序,减少乱倒渣土等违法行为对环境的破坏。

(四) 科学管控"新智囊"——数据分析

1. 数据来源与分析方法

浦东城管的数据分析工作围绕数据来源、分析目的、分析方法等核心问题展开。通过对监管对象、执法检查和队伍管理等多种数据资源的整合,充分利用现代信息技术手段,进行多角度、多层次的关联分析。在数据来源方面,广泛收集来自执法办案系统、勤务检查记录、信访投诉平台、数据监测设备等渠道的数据,确保数据的全面性和准确性。在分析方法上,按照"先全面摸排再专项突破,先业务梳理再技术论证"的方式,充分调研和论证分析必要性和可行性,最终确定从"信访投诉、勤务检查、执法办案、数据监测"四个方面着手分析,主要涵盖业务统计、时效预警、效能评价、业务体征、风险评估、跨领域业务数据挖掘等六大类。例如,通过对信访投诉数据的深入分析,挖掘市民关注的热点问题和城市管理中的薄弱环节;利用勤务检查数据,优化执法人员的排班和任务分配;借助执法办案数据,评估执法效果和规范执法行为;基于数据监测,实时掌握城市管理各项指标的动态变化。

2. 小区治理指数分析

针对"属实工单满意率、属实工单及时率、属实诉件发生率、装修申报与户数之比、巡查率、漏检工单数、平均在建项目漏检工单数"等七个指标,计算小区综合治理指数分值及排名,生成全区全部小区得分及排名,最终按照小区所属物业公司、所属街镇,对物业公司、街镇进行排名。通过对历史违建数据的深度剖析,根据建筑属性、区域规划以及周边环境等诸多因素,精准预测可能出现违建的区域和类型,提前预警潜在违建风险区域,及时介入,加强巡查与宣传,从源头上成功遏制违建的发生。对已拆除违建区域的跟踪评估,通过对比拆除前后的环境变化、居民满意度等关键指标,不断优化违建拆除工作流程和后续管理措施,提升周边居民的生活品质。例如,在某小区通过数据分析发现装修申报与户数比异常高,且属实诉件发生率也较高,经实地调查发现存在部分业主违规装修和破坏房屋结构的情况。城管部门及时介入,加大对该小区的巡查力度,同时与物业公司合作,开展装修规范宣传活动,有效减少了违规装修行为,提高了居民的满意度。

3. 街面秩序指数分析

结合车巡工单分析,助力城管因时制宜、精准施策。深入洞察不同季节、不同时段的市容问题,发现特定季节易出现乱堆物料问题,特定时段占道经营问题突出。根据分析结果,调整车巡路线,提示属地中队结合实际,制定季节性和时段性市容管理方案。例如,在春季,加强对建筑工地周边物料堆放的管理,防止建筑材料乱堆乱放影响交通和环境;夏季夜市时段,加大对占道经营的整治力度,保障市民出行畅通。通过这种精准化的管理策略,提高街面秩序管理的有效性,使城市环境更加整洁、有序。

四、思考与启示

(一) 数字化转型过程中,技术是为业务服务

在浦东城管执法数字化建设的进程中,妥善处理技术与业务之间的关系是提升执法效能、实现城市精细化管理的关键所在。这要求我们需从主次关系、融合共生关系以及平衡发展关系三个维度来深入理解和把握技术与业务之间的关系。

1. 厘清主次,协同共进

(1) 业务领航,指引技术方向。在城管执法工作数字化转型的浪潮中,业务始终占据着主导地位,是技术应用的航标。城管执法的核心任务,涵盖维护城市

的整洁容貌、保障市政公用设施的正常运转等多个方面,这些关键业务需求直接决定了技术的应用路径。以街面秩序管理为例,正是由于对有序营商环境和畅通出行空间的追求,智能监控系统以及移动执法终端等技术手段才得以引入。这些技术工具的功能架构与应用范畴,均紧密围绕如何高效执行执法业务进行精心设计,旨在精准解决实际工作中的痛点与难点,确保技术的应用能够切实服务于业务目标的达成,而非陷入技术至上的盲目追求。

(2)技术赋能,助力业务增效。技术应被视作业务推进的得力助手,其核心价值在于赋能执法人员,使其能够以更高的效率和精准度完成各项执法任务。例如,在查处违法建设这一复杂工作中,先进的测绘技术与卫星遥感技术能够为执法人员提供精确的违法建设位置信息、精准的面积测量数据以及详细的结构特征描述,这些由技术生成的数据成果为后续依法依规进行处理提供了坚实可靠的依据,有力地支持了执法决策的制定。然而,必须明确的是,技术虽能提供有力的数据支撑,但最终的执法判定与处置措施仍需严格遵循相关法律法规以及既定的业务规范,技术绝不能越俎代庖,取代业务人员的专业判断。

2. 深度融合,相互促进

(1)技术嵌入,优化业务流程。技术与城管执法业务流程的深度融合是实现效能提升的关键环节。技术应当精准且全面地融入城管执法工作的各个环节,包括线索的敏锐捕捉、案件的规范立案、证据的严谨收集、处罚决定的审慎作出以及执行的有力落实等。通过这种全方位的嵌入,技术能够充分发挥其优势,有效提升业务流程的整体效率与质量。例如,借助大数据分析技术对历史案件数据进行挖掘,能够精准地预测违法建设的高发区域和时段,为执法资源的合理调配提供科学依据,从而实现执法力量的精准投放,大大提高执法的针对性和实效性。

(2)业务反馈,驱动技术升级。业务实践是技术升级的重要源泉,两者之间存在着紧密的反哺关系。随着城管执法业务的持续拓展与深化,不断涌现的新需求和新挑战为技术的发展提供了强大的驱动力。以街头小广告治理为例,当监管策略从单纯的清理作业向源头追溯治理转变时,就对固定及移动监控技术提出了更高的要求,即需要其在视频采集的内容质量和证据链分析的精准度上实现显著提升。这种由业务实践所催生的新需求,促使技术研发团队不断优化和改进现有技术,推动技术持续迭代更新,以更好地契合业务发展的步伐,实现技术与业务的良性互动与协同共进。

3. 动态平衡，紧密衔接

在技术与业务的发展过程中，必须时刻警惕两者出现脱节的风险。若技术的发展过度超前于业务实际需求，可能会导致执法人员在操作和应用上存在困难，或者出现技术功能与实际业务场景难以匹配的尴尬局面。例如，某些高度复杂的数据分析模型，尽管在理论层面展现出了卓越的先进性，但如果无法在城管执法的具体问题分析中，如精准预测违法建设的高发区域或有效识别新型违法行为模式等方面发挥实际作用，那么这类技术就与业务实际需求产生了脱节。

反之，当业务拓展的速度远超技术更新的步伐时，同样会引发一系列问题。如在城市新兴经营业态蓬勃发展的当下，像共享经济模式下催生的各类新商业形式，如果监管技术未能及时跟进和适应，就会不可避免地出现监管漏洞和空白区域。因此，建立一套高效、畅通的沟通机制至关重要。通过促进技术开发人员与业务人员之间的紧密协作与深度交流，确保技术的发展与业务的需求始终保持高度契合，实现两者的协调发展。

可见，在浦东城管执法数字化建设中，只有精准把握技术与业务之间的主次关系、融合共生关系以及平衡发展关系，才能充分发挥技术的优势，提升执法业务水平。

（二）数字化建设中，需深入理解"数据"的基础地位

在城管执法数字化建设中，数据处于核心基础地位，深刻影响着建设的各个方面，其中，数据在溯源、共享、安全及分析应用等方面起着关键作用，各方面相互关联，共同推动着城管执法数字化的建设进程。

1. 数据来源是数字化建设的根基

整合内部执法数据资源，能为后续分析提供基础素材，洞察执法状况。同时，拓展外部数据共享与接入渠道意义重大，与多部门合作获取各类数据，利用新兴技术拓宽采集手段，可确保数据的全面性、时效性与多样性，满足数字化建设对高质量数据的需求，为执法数字化筑牢根基。

2. 数据共享是数字化建设的协同纽带

构建统一平台是关键，它整合系统与接口，依规范实现数据高效交换共享，打破数据孤岛，促进跨部门协同执法，提升治理效能。跨区域共享合作也不容忽视，能应对跨区域执法难题，拓展数据应用范围。此外，强化安全与规范保障，运用加密、访问控制等技术手段及明确操作准则，可确保数据在共享中的保密性、

完整性与可用性，营造良好流通环境，推动数字化建设协同发展。

3. 数据安全是数字化建设的坚固防线

构建多层次技术防护体系，涵盖数据存储、传输与使用环节，运用加密、安全协议及防护设备保障数据安全。完善管理制度，明确责任分工与生命周期管理流程，提升人员安全意识并建立应急响应机制。实施分类分级管理策略，依据数据重要性、敏感性采取相应措施，平衡安全保障与利用效益，全方位保障数据安全，为数字化建设提供稳定运行环境，避免因安全问题阻碍利用进程。

4. 数据分析应用是数字化建设的价值彰显

数据是执法决策的关键依据，通过分析违法数据规律，优化执法资源配置，能够有效提升决策的科学性，而借助相关技术精确定位违法对象与行为，也同时保障了执法的精准性。数据驱动可以促进执法的创新与优化，对比治理效果继续探索新方式，推广最优策略，既能够更加促进新技术与执法的充分融合，还能够实现智能预测与预警、效能评估与优化及个性化执法服务，从而深化数字化建设内涵与外延，贴合城市管理与市民需求，提升城市治理水平与和谐度。

由此可见，数据在城管执法数字化建设的各个关键环节都发挥着不可或缺的基础性作用，各环节相互依存、协同发展，才能共同推动数字化建设不断前行，为城市管理现代化提供有力支撑。

附件 1

浦东城管数字化转型攻坚三年 (2022—2024)行动方案

为深入贯彻习近平总书记关于"网络强国、数字中国、智慧社会"的战略部署，努力践行"人民城市人民建、人民城市为人民"重要理念，着力落实区委区政府全面推进数字化转型的工作意见，结合浦东城管执法实际，特制订本行动方案。

一、指导思想

对标国际一流城市的治理理念与水平，按照"整体性转变、全方位赋能、革命性重塑"数字化转型工作总体要求，聚焦治理理念、模式和方法创新，数字赋能高质量发展，全力构建权责明晰、服务为先、治理优化、执法规范、安全有序的治理数字化体系，推动浦东城管执法工作走在全国城管前列。

二、工作目标

至2024年年底，浦东城管数字化转型基本完成，数字化智能监管、信息化勤务应用、科学化办公管理三大体系全面建成，形成"数据资源共享、快速智能发现、分析研判准确、指挥协调畅通、业务运行规范"新发展格局，推动数字化技术与浦东城管综合执法实战实用深度融合，实现"一网统管、法治建设、场景应用、办公管理、执法服务"等业务系统化输血再造，形成具有引领示范效应的城管执法数字化转型"浦东样板"。

三、工作任务

（一）加速转型，打造数字化智能监管体系

构建规范化、结构化数据库，注重数据运维，提高数据分析应用能力。持续深化"三位一体"平台建设，实现一网统管、多屏联动、一呼百应。围绕破解超大城市治理难点问题，不断迭代升级、推陈出新，打造一批简捷高效、可复制推广、具有示范引领作用的应用场景。以数字化推动城管执法规范化，全面推行分类分级执法检查、执法指引、综合执法监管场景。加强智能硬件、软件建设，全面提升城管执法数字化转型水平。

1. 夯实数据底座

强化数据建库。坚持"统一底座、归口管理、分级使用、数据共享"的原则,区分执法监管检查频率和重点行业监管对象的需求,分类分级建立数据库。**强化数据运维**。按照"谁使用、谁负责、谁标签、谁运维"的原则,落实责任主体,进行标签管理,动态更新,全生命周期维护,确保监管对象数据完整、安全、可控。**强化数据分析**。研究开发数据分析研判和辅助决策功能,全程监控全链路下的数据运维情况和数据安全情况,并将各单位数据运维情况纳入局年度绩效考核。

2. 深化三级平台

完善局综合信息平台。按照实战实用、功能集成、平台整合、中枢指挥的要求,进一步优化界面、整合系统、集成数据,建成信息共享、数据互通、业务共商的综合平台,实现一站式登录操作。**拓展中队微平台**。按照"需求导向、技术赋能、业务整合、数据汇总"的原则,贯通市局、区局"队伍管理、对象维护、考核动态、勤务提示"等数据资源,将微平台打造成街镇中队的信息平台、数据平台、指挥平台,并设立专岗专责中台管理员。**赋能手机APP执法终端**。秉持赋能基层的服务理念,融合"分类分级、执法指引"成果,拓展手机执法终端与PC端数据互通,不断完善实战应用模块,实现两者界面相似、功能相通,方便执法队员户外执法办案。

3. 迭代升级应用场景

优化经典场景。持续研发"渣土治理场景"新违规行为智能预判告警机制,新增建筑垃圾、装修垃圾等监管事项,持续发挥应用场景示范引领作用;全面升级"街面秩序场景",研究城市运行管理健康体征指数,实现对城市运行管理问题"靶向治疗";丰富环境监测手段,多渠道收集监测数据,研发水、气排污智能告警机制,优化"排污治理场景"建设;拓展"燃气场景"监管功能,探索燃气泄漏实时在线感知、智能发现报警机制,提高预防重大安全事故能力;"水上交通场景"在满足水上执法的基础上,聚焦码头作业安全生产、环境污染等行业顽疾,拓展民生安全事项数字化监管应用。**研发新建场景**。建设花木示范区非机动车违停监测处置试点项目,综合整治违规停放、区域淤积现象;新建与浦东城管执法特征相适应的"智慧工地场景",实现信息技术、智能设备与建筑工程施工现场深度融合,拓展全新执法模式;推进"五违四必"应用场景建设,建立"存量违建缓拆、拆后地块、房屋注记解注"等数据库管理系统,构建二维影像和三维模型,技术赋能"五违"整治工作,减存量、消库存,新增零增长。

4. 构建标准化执法检查模式

建立标准化执法检查和办案指引。有序衔接分类分级监管模式和浦东城管执法指引两项重点工作,将涵盖浦东城管7大专业执法领域的393项高频常用事项执法指引,系统纳入分类分级标准化检查和信息化办案流程,将执法指引"百科全书"细化为检查指引和办案指引两部分,达到现场检查标准化和全过程执法办案规范化。按照逻辑清晰、内容简洁、操作高效的要求,进一步建立标准化检查表单,优化分类分级执法检查。**建立系统化综合监管执法场景**。在完善"建设工程、机动车维修企业、港口码头、液化气餐饮用户"四个综合场景的基础上,拓展餐饮用户、居民小区等业务场景纳入综合监管执法场景,根据不同业务进行合理分类,建立综合执法检查体系,实现"一个监管对象"由一个执法主体进行综合检查的"大综合系统",与市局、信用平台、管理部门平台互联共通,形成对监管对象全生命周期闭环管理,执法办案效能全方位考察,提升一线检查办案效率和办案质量。

5. 加强技术支撑系统建设

持续深化硬件建设。用足用好工地视频探头、城管球等局自建固定视频应用,布局新建一批重要道路卡口视频监控设备;保持与行业主管部门建立数据共享机制,整合公安、交警、城运等部门视频资源;继续推进以车巡模式为主的移动视频监控应用,逐步提高车载视频能级和算法,探索水上执法船载视频资源利用能力;开发无人机技术应用,部署全天候无人机智能机场,研究航线规划和飞行事项,逐步实现监管全域覆盖。**不断储备软件应用**。建立和拓展视频图像识别、数据分析运用、信号传感识别等多维度技术路径,加强算力服务器的优化部署,探索分布式边缘计算,探索搭建拥有自主知识产权的算法仓,利用AI人工智能、大数据分析、区块链、5G、边缘计算、云计算、物联感知等先进技术赋能城管执法,全面推动浦东城管数字化转型。

6. 打造数字应急指挥机制

完善应急处置机制。研究重大会议、重要活动、防汛防台、暴雪等极端恶劣天气,以及危及群众生命安全的突发事件处置方案,建立"专业问题支(大)队牵头、属地配合,综合问题属地为主、支(大)队支撑,复杂问题指定牵头、合力支撑"的工作机制,完善应急处置流程规范,实现精准派单、分级响应、高效处置、过程留痕、责任可追。**提高可视化调度实战水平**。充分运用"无人机"、"数据采集车"、视频监控探头等设备,通过完善预警预判、监管追溯、稽查指挥等功能,打造集成现有视频、人员、车辆信息于一体的可视化调度指挥平台。

（二）开放协同，打造信息化勤务应用体系

根据市城管执法局"智慧城管"体系建设要求，全面对接业务，全面打通端口，全面互通信息，实现系统融合、数据互通、功能迭代。

1. 网上排勤

严格落实勤务打卡、勤务日志、离岗报备、请假销假、加班管理等勤务制度，严密组织编班排勤，大幅度提高人员参与率、传输及时率、数据准确率。

2. 网上办案

打造全新网上办案操作平台，与市局办案平台系统实时互联；加强痕迹管理，实现执法办案流程全过程留痕、可追溯；打通各系统模块通道，以数据化形式直观展现，并与绩效考核数据挂钩。

3. 网上诉件

加强城运工单平台与局诉件系统深度融合，开发手机端诉件模块，实现街镇中队"一站式"处理投诉，"派单—接单—处置—归档"全流程数据与市局平台适时传送、及时共享。

4. 网上督察

进一步加强数据合，实现实效督察单"派单—接单—处置"流程闭环与市局实时对接，自动生成车巡实效督察单功能，确保市、区、中队三级督察数据同步、流程完整。

5. 网上考核

统一考核人员、考核流程、考核内容，调整数据库结构、补充数据库字段，完成数据对接，真实反映勤务打卡、执法办案、处理投诉等工作实效。

（三）稳健拓展，打造科学化办公管理体系

完善和优化数字化办公、管理、培训、考核、保障等内部管控机制，建立安全便捷、客观直观的数字化管理平台，推动办公管理向数字化管理转变。

1. 打造数字化网上办公管理系统

完善办公自动化OA系统工程，拓展"智慧浦东"专属钉钉功能，建设政务应用超市，优化视频会议系统，赋能数字化协同办公，实现公文在线协作、会议在线召开、事项在线审批、政务在线公开、流程网上留痕、台账自动生成，打造高效安全在线协作的数字化生态办公系统。

2. 打造数字化教育培训管理系统

秉承"小学校、大作为，培养人才、锻造尖兵"的教学理念，迭代更新教育培训

管理平台，优化专业设置、课程内容、师资配备、教学模式、教务管理，打造"术业专攻、业内有名、全国首家"数字化城管教育培训中心。

3. 打造数字化作风培训管理系统

围绕"培养作风纪律，提升组织观念，增强协作能力"，研发作风培训管理系统，拓展理论武装、作风纪律、党风廉政、法纪教育培训，打造"政治坚定、作风优良、纪律严明、依法履职、人民满意"的新时代城管执法队伍。

4. 打造数字化绩效考核管理系统

科学确立绩效考核标准，研发浦东城管绩效考核管理系统，实现单位和个人的任务指标、工作进度"在线展示、实时查询、阶段排名、临期提醒"等功能，打造绩效考核科学评判、数字化管理体系。

5. 打造数字化后勤保障管理系统

迭代升级项目管理系统、固定资产管理系统，研发执法装备管理系统、财务报销管理系统，实现项目立项、招标、采购、审核、配发、使用、保管、报废全生命周期数字化管理。

四、工作步骤

（一）2022年年底前

搭建数据库基本框架，基本形成结构化数据底座。基本完成渣土场景改版升级，开发非机动车场景新版地图应用，全面梳理燃气执法场景向居民燃气领域扩展，研究智慧工地场景设计，编制无人机项目建设方案。

（二）2023年年底前

完成监管对象数据库改造，建成结构化数据库。完成综合执法办案平台研发，并投入上线使用。全面建成分类分级检查工作机制并应用于实战。基本完成APP端在线办案系统并投入使用。基本完成执法指引智能化应用升级改造。

完成无人机机库建设第一阶段布局，并广泛投入实战实用。实现水上交通场景自主视频监控布局落地。拓宽监测路径，建成排污治理场景。实现燃气执法场景实时在线感知。基本完成非机动车场景试点区域建设。基本建成智慧工地，场景发挥实战作用。探索智能机器人等新型技术应用。

（三）2024年年底前

从程序端实现执法业务流程APP化，综合业务流程数据互联互通，实现分类分级所有监管对象"大综合"检查模式。基本实现以语音对话方式为主要模式的人机交互与执法辅助，探索以智能应用取代原有执法模式的可行性。

全面完成无人机机库布局建设,机动覆盖能力达到区域面积90%以上。全面建成建筑垃圾治理场景,实现全域智能监管。全面建成中队微平台,赋能增效中队业务应用。全面完成非机动车场景建设。基本建成水陆空一体化感知的水上场景,实现由水上交通领域向水务执法、生态环境等领域过渡。基本建成以重大安全事故隐患感知为主的燃气执法场景。基本完成智能机器人可行性研究。研究探索排污治理场景,开发污染智能预警溯源模型,全面提高污染溯源和环境监管能力。

五、保障机制

(一)强化统筹协调机制

在局数字化转型工作领导小组的统一领导下,进一步完善制度,明确责任,形成局领导主抓,各处室、各支(大)队、街镇中队主要负责人参与的工作推进机制,确保工作稳步有序推进,实现全局上下推进数字化转型"一盘棋"。

(二)优化鼓励支持政策

聚焦数字化转型在制度规范、激励举措、经费投入、数据共享等重点问题上的应用,全方位激发各类转型主体的活力和动力。实施开放的数字化转型人才政策,设置数字化转型特设岗位,加大数字化转型工作在单位、个人评先评优中的考核权重,激发创新研究活力。

(三)构建安全发展环境

确立数据安全管理规范,建立风险评估、安全审查、日常监控等机制,加强数据资源全流程安全监测,推进数据流通安全评估,分类分级保障数据安全,强化重点行业、重点领域网络安全等级保护,提升数据流通的安全性、稳定性和便捷性。

附件 2

上海市浦东新区城市管理综合行政执法领域无人机智能监管工作规定

（试行）

第一章 总 则

第一条 为规范浦东城管无人机管理与使用，有效推进无人机智能监管工作正规化，根据《无人驾驶航空器飞行管理暂行条例》《上海市优化营商环境条例》等相关法律法规规定，结合浦东城管综合执法实际，制定本规定。

第二条 本规定所称无人机智能监管，是指依托飞行控制中心（以下简称"飞控中心"），综合浦东城管领域执法事项、监管区域等因素，科学设定巡航路线、监管频次，运用无人机开展智能巡航或远程控制飞行，实现数据自动传输、违法行为智能识别、在线派单处置的监管模式。

第三条 信息指挥中心负责统筹协调推进无人机智能监管工作。执法业务支（大）队、街镇（管委会）中队依据职责共同参与、协助无人机智能监管工作。

第四条 无人机智能监管坚持技术与业务深度融合，坚持实战实用，坚持赋能一线。

第二章 无人机机场和飞控中心建设

第五条 信息指挥中心负责根据智能监管全覆盖要求，合理规划和建设无人机机场。

第六条 信息指挥中心负责建设飞控中心。应不断加大智能应用开发力度，为推进无人机智能监管提供智能、便捷、实用、规范操作平台。

第七条 信息指挥中心应根据国家及地方无人机飞行安全管理规定，建立无人机飞行及监管数据安全管理制度，确保无人机飞行及监管数据安全。

第三章 监管对象数据库建设

第八条 执法业务支（大）队负责确定所涉及执法监管领域（市容环境卫生管理、建设管理、房屋管理、环境保护管理、水务管理、城市交通管理、土地管理、农业管理等）内可通过无人机智能监管的住宅小区、生产经营场所、市政道路、河道航道、建设工程、违法用地以及区域乱点乱象等。

第九条 执法业务支(大)队会同相关城管中队通过管执联动信息共享、相关信息数据比对、实地采集等多种方式获取监管对象数据信息,最大化提高数据信息的精准度。

第十条 信息指挥中心会同执法业务支(大)队按照无人机智能监管需要,在飞控中心将监管对象信息进行点位落图。

第十一条 信息指挥中心会同执法业务支(大)队根据无人机智能监管需要,建立规范的监管对象数据库。

第十二条 信息指挥中心应制定执法对象数据库维护和更新机制,确保数据库的动态更新。

第四章 监管事项设定

第十三条 执法业务支(大)队应根据无人机智能监管技术应用水平,确定各监管对象范围内的监管事项。

第十四条 执法业务支(大)队会同信息指挥中心按照无人机技术规范,设定无人机智能监管事项要素,为无人机智能监管提供智能识别、智能感知、巡屏发现、视频照片识别技术点。

第十五条 信息指挥中心负责设定监管事项的智能识别技术要素,包括:对象坐标点位、无人机飞行高度、视频照片拍摄角度、镜头焦距设定、航拍素材类型、航拍素材数量、拍摄时间段以及智能感知所需要的监管阈值等。

第五章 监管频次设定

第十六条 执法业务支(大)队会同信息指挥中心根据执法监管对象行业特点和无人机飞行能力,设定无人机智能监管频次的规范和基准。

第十七条 根据分类分级监管原则,按照监管对象或区域违法行为的变动情况,设定智能监管频次调整模型,实行监管频次自动动态调级。

第六章 航班航线和飞行监管模式设定

第十八条 信息指挥中心根据监管对象和监管事项范围、机场布点、信号距离、监控盲点以及监管频次、突发应急等因素,按照"综合飞一次"方式,合理规划自动飞行航班航线,设定智能飞行监管模型。

第十九条 信息指挥中心根据无人机自动飞行和日常工作实际需要,设定常态巡航、计划申航、处突急航、专项援航四类飞行监管模式。

常态巡航是指无人机根据所设定模式,自行开展日常巡航。

计划申航是指根据执法业务支（大）队和街镇（管委会）中队申请，针对非固定监管对象或不适合常态巡航的监管对象，进行阶段性或临时性巡航。

处突急航是指根据区城管系统内部单位以及区应急局等相关委办局的请求，处置突发应急事宜，进行应急执飞。

专项援航是指针对各类专项任务、特定活动、大型整治行动等，派遣无人机工作小组，携带特种专业设备，协助完成各类专项整治行动。

第七章 飞控中心工作机制

第二十条 信息指挥中心制定飞控中心工作制度和机制，负责飞控中心操控人员的招录、培训和考核。

第二十一条 信息指挥中心应开展智能数据审核、巡屏监管、图频比对等，提高无人机智能监管效能。

智能数据审核是指对通过AI智能算法无人机可自主识别的违法线索，进行人工审核，确保自主识别违法线索的准确性。

巡屏监管指对无法通过AI智能算法自主识别违法情形的重点监管事项，由飞控中心操控人员根据无人机飞行线路实时巡屏，及时发现违法行为或证据线索。

图频比对指对无法通过AI智能算法自主识别违法情形的监管事项，根据实际工作需要，由飞控中心操控人员对无人机巡航拍摄存储的视频或照片与监管对象数据库原始视频或照片进行比对，适时发现违法行为或证据线索。

第二十二条 信息指挥中心应对无人机智能识别及操控人员人工发现、比对产生的违法线索，经确认后形成工单，派发相应执法业务支（大）队或街镇（管委会）中队。

信息指挥中心应建立无人机智能监管工单处置闭环流程，打通无人机飞控平台、智能监管业务操作平台、浦东城管数据中台、"浦东城管"APP以及无人机智能监管场景的数据交互渠道。

第二十三条 执法业务支（大）队和街镇（管委会）中队对信息指挥中心派发的无人机智能监管工单，按工单处置流程，形成处置闭环。

第八章 非现场执法拓展

第二十四条 政策法规处应会同信息指挥中心、执法业务支（大）队深化无人机智能监管的非现场执法工作研究。

对于符合《上海市浦东新区城市管理领域非现场执法规定》要求，且可通过

AI智能算法自主识别或可依托飞控中心人工识别的违法事项,及时按相应规定纳入全流程非现场执法;

对于不符合上述要求,但经核实取得的证据真实、清晰、完整、准确,且满足合法性、关联性、真实性要求的,根据《中华人民共和国行政处罚法》及相关法律法规规章,可用于相关案件办理。

第二十五条 信息指挥中心应加强技术应用研究,不断拓展无人机自主识别的违法事项,加大对于电子证据在获取、传输、存储方面的探索,为深化拓展非现场执法工作提供技术支撑。

第九章 飞行管理及数据安全

第二十六条 区综合执法部门应审核第三方单位专业资质与合规性,督促其遵守国家法律法规和行业规范,确保服务过程的合法、合规和专业。

第二十七条 区综合执法部门应对飞行过程中可能出现的安全风险进行评估和防范,制定相应的应急预案,并开展安全培训、应急演练等。

第二十八条 区综合执法部门、第三方单位应采取必要的技术和管理措施,防止信息泄露。第三方单位按照约定的方式和范围使用数据信息,不得擅自将数据信息用于其他目的。

第二十九条 区综合执法部门应定期对无人机硬件和软件进行升级维护,及时发现和指出安全问题,按要求进行整改,保持设备正常运转。

第三十条 区综合执法部门应制定无人机使用数据信息安全规范,确保数据信息安全。

第十章 附 则

第三十一条 本规定由浦东新区城市管理行政执法局负责解释。

第六章

全面取消
执法案件数指标

2023年,浦东城管在《关于加强执法规范化建设的实施意见》中明确提出目标任务:围绕执法监管、问题线索处置、立案、办案、案件执行等关键环节及执法行为规范化,聚焦"取消案件数考核指标"与"实现案件应立尽立"两大核心,建章立制、创新方法并强化落实,力争用3年左右时间,初步构建浦东城管执法规范化体系,基本消除选择性执法、随意执法现象,杜绝野蛮执法、粗暴执法乱象,显著提升执法监管和案件办理质量,全面树立城管队伍良好形象。围绕此目标,浦东城管积极探索取消案件指标,规范诉件处置和执法办案行为,构建全新执法实效评估体系。

一、转变执法理念:办案数量≠执法成效

(一)执法办案的核心目的与传统考核的困境

执法办案在现代社会治理体系中占据着至关重要的地位,其初衷在于切实维护社会的和谐稳定,营造良好的社会秩序,确保人民群众的合法权益得以充分保障,进而实现社会公平正义的崇高价值追求。然而,长期以来,执法部门在对基层案件办理工作进行评估时,往往过度依赖案件数指标考核体系。这种传统的考核模式在特定历史时期虽具有一定的积极意义(例如在早期能够较为直观地反映执法单位的工作负荷及工作成果,便于上级部门进行资源分配和任务布置),但随着社会的不断演进、法治建设的持续深入以及公众法治意识的日益增强,其内在的局限性和弊端逐渐凸显,对法治建设和城市治理进程产生了诸多阻碍。

从本质上讲,设立案件数指标考核违背了实事求是的基本原则。执法工作的复杂性和多样性决定了不能简单地以数量来衡量其成效。在追求案件数量的过程中,执法部门和人员的行为会逐渐偏离执法的初衷,部分执法人员或将完成案件数量作为唯一目标,机械地开展执法工作,缺乏对案件背后深层次问题的思考与探究,往往忽视了执法工作对于社会秩序维护、公众权益保障以及法治理念传播的根本意义。更有甚者,为了达到考核指标,不惜采取不正当手段,如拆案以增加案件数量、制造假案等严重违反职业道德和法律规定的行为,不仅损害了执法的公正性和严肃性,也极大地削弱了执法部门在公众心目中的公信力。

（二）取消案件指标的必要性与理念转变的内涵

鉴于传统案件数指标考核体系带来的诸多问题，浦东城管深刻认识到全面取消案件指标的紧迫性和必要性。这一决策并非一时冲动，而是基于对执法本质的深刻反思以及对现代社会治理需求的准确把握。

摒弃以案件"数量"为考核标准的粗放模式，是实现执法公正、提升执法质量的关键之举。这一转变涉及三个层面的深刻理念变革。其一，是从过程导向向效果导向的转变。摒弃以案件"数量"为考核标准，意味着执法工作不再仅仅关注办案的流程和形式，而是更加注重执法行为所产生的实际社会效果。在面对各类违法行为时，执法人员需要综合考量如何最大限度地减少违法行为对社会造成的负面影响，如何通过有效的执法手段化解社会矛盾，促进社会和谐稳定。例如，在处理一些轻微违法行为时，执法部门可以采取教育、劝导等方式，引导当事人自觉纠正行为，避免简单地以处罚了事。这种方式虽然在案件数量上可能没有增加，但却能够从根本上解决问题，提高公众对执法工作的认可度和满意度，实现执法工作的社会效益最大化。

其二，是从单一思维向辩证思维的转变。摒弃案件数指标考核体系，要求执法人员在工作中具备更加全面、灵活的思维方式。在复杂的社会环境下，执法人员需要在遵循法律法规的前提下，根据具体问题进行具体分析，权衡不同处理方式的利弊。例如，对于某些违法行为，虽然从法律条文上看符合立案处罚的条件，但如果考虑到当事人的实际情况、社会影响以及可能产生的后续问题，通过协调化解等方式能够取得更好的社会效果，那么就应当在法律框架内选择更为合适的处置方式。这种辩证思维的运用，有助于在维护法律权威的同时，兼顾社会公平正义和公众利益，避免机械执法带来的负面效应。

其三，是从消极思维向积极思维的转变。摒弃案件数指标考核体系，对于提升执法队伍的整体素质和工作效能具有重要意义。在过去以案件数量为考核指标的压力下，部分执法人员养成了被动消极的工作态度，将执法工作视为一种任务，而非责任。取消案件数指标后，执法人员的主观能动性和责任感成为衡量工作成效的重要因素。这促使执法人员主动积极地履行职责，勇于面对工作中的困难和挑战，优化解决问题的方法和途径。例如，在面对一些执法难点问题时，执法人员不再因担心影响案件数量而回避，而是主动思考如何通过创新执法方式，加强部门协作等手段来攻克难题，将困难转化为提升自身能力和执法水平的机遇,从而实现自我价值的最大化,推动执法工作从被动执行向主动服务转变。

浦东城管全面取消案件指标的改革举措,是对传统执法考核模式的一次深刻反思与大胆创新,体现了其在执法理念上的与时俱进和对社会治理规律的深刻理解,为构建更加科学、合理、有效的执法体系奠定了坚实的理论和实践基础。

二、着力执法规范：丰富"应立尽立"之内涵

(一)构建科学合理的诉件处置体系

1. 精准界定诉件处置方式

执法规范化建设中,构建完善的诉件处置体系是实现案件"应立尽立"的关键环节。基于严谨的法律规定和实际执法需求,对于诉件处置方式的界定分为"非转案""不予立案"和"立案",且必须符合相关实施标准,以确保执法的公正有效。

(1)"非转案",即经执法人员调查核实后,问题不存在或不真实的,实行"非转案",由承办部门及时终结。非转案机制的设立旨在处理问题经核实不存在或不真实的情况。当经过严谨的调查程序后,确定诉件所反映的问题不成立时,承办部门应迅速依照既定程序终结该诉件的处理流程。这一机制有助于优化执法资源配置,避免因虚假或不存在的问题占用过多执法资源,确保执法力量能够集中投入到真正需要解决的问题上,提高执法效率。

(2)"不予立案",即经执法人员调查核实后,问题属实,但符合相关情形的,可不予立案。"不予立案"情形的设定较为复杂且多元,涵盖了对多种法律和实际情况的考量。从行为主体角度,对于未达行政责任年龄或无行政责任能力的行为人实施的违法行为,需依据相关法律规定进行特殊处理,以体现法律对特殊群体的保护和教育引导原则。在情节考量方面,对于情节轻微且能及时改正、未造成危害后果或危害后果轻微且已及时消除影响的违法行为,以及危害后果虽已消除但无法确定行为人的情况,可根据具体情形综合判断不予立案。此外,对于依法属于责令改正前置类且行为人已按期整改并符合要求的案件,也可纳入不予立案范畴,这体现了执法过程中对当事人积极改正行为的认可和鼓励。同时,对于一些涉及群众利益、邻里矛盾等社会影响因素的案件,若通过协调化解能够达到更好的社会效果,也可考虑不予立案,这强调了执法过程中对社会和谐

稳定的维护以及对多元解决方式的运用。价值判断导向类不予立案情形则进一步引入了执法的灵活性,在遵循法律法规基本框架的前提下,综合考虑社会伦理、公共利益及个体合理诉求等多维度因素,使执法决策更贴合社会实际需求,实现法律效果与社会效果的有机统一。

(3)"立案",即经执法人员调查核实后,问题属实,符合立案条件,且不适用"不予立案"情形的,必须予以立案。立案的启动需遵循严格的法定程序。执法人员在接收到诉件后,必须展开全面深入的调查核实工作,对案件事实进行精准判断,依据法律法规的明确规定,从而确定案件是否具备立案的必要条件。只有当问题的真实性得以确认,且符合法定立案情形时,方可启动立案程序,从而保证每一个进入立案环节的案件都具有充分的法律依据,体现执法的严肃性。

2. 严格规范诉件处置流程

(1)"非转案"类案件的处理应依据相关工作规范形成完整的处置闭环。承办部门在处理非转案时,需详细记录整个处理过程,包括问题核实的方法、结果以及与相关方面的沟通情况等。每一个环节都应留下清晰的记录,以便在需要时能够追溯和审查,确保处理过程的规范性和可监督性。

(2)"不予立案"类案件的审批流程应根据不同情形进行精细设计。对于较为简单明确的情形,如部分情节轻微类案件,承办部门在进行内部严格审查后,按程序作出不予立案决定,确保内部审查机制能够有效发挥监督作用。而对于涉及协调化解、价值判断等较为复杂的情形,需经过多层级的审核把关。承办部门初审后,报局专项复核组进行专业审核,必要时再提交局重大案件集体讨论会议进行综合研判,通过集体智慧和多部门参与,确保不予立案决定的科学性、合理性和公正性,避免因个别因素导致决策失误。

(3)"立案"类案件的办理应严格遵循既定的法律程序和操作规范。从案件受理的初始环节开始,需对诉件进行详细登记和初步审查,确保信息准确完整。立案审批环节应设置严格的层级审核机制,各层级审核人员依据各自职责对案件的立案依据、调查情况等进行全面审查,确保立案决定的准确性。在调查取证阶段,执法人员必须严格依照法定程序收集证据,确保证据的合法性、真实性和关联性。案件审理过程应充分保障当事人的合法权益,给予其陈述申辩的机会,确保审理过程的公正透明。最终作出的处罚决定应基于充分的事实依据和准确的法律适用,做到罚当其责。

3. 引入人性化的诉件处置标准与操作口径

在诉件处置过程中,引入价值判断,体现执法人性化是现代执法理念的重要体现。当面对符合法律立案条件的问题线索时,执法人员不应局限于机械的法律条文适用,而应从更广泛的社会视角出发,综合考虑各种因素。在权衡是否立案或处罚时,需充分关注当事人的特殊情况,如经济困难、身体状况等可能影响其行为的因素,以及案件处理对社会关系、社会稳定等方面可能产生的影响。通过综合研判这些因素,在确保法律基本原则得以维护的前提下,若认为不立案或不处罚更有利于实现执法的根本目的,即维护社会公平正义、促进社会和谐发展,执法人员可依法作出不予立案或不处罚的决定。这种人性化的处置方式有助于在执法过程中实现法律刚性与社会柔性的平衡,增强执法的可接受性和社会公信力,促进社会关系的和谐稳定发展。

(二) 全过程记录与规范化检查

依法行政是城市综合管理执法的生命线,它要求执法机关和执法人员必须严格按照法律的规定,在法定职权范围内行使执法权、检查权,决不能非法侵犯公民、法人的合法权益。这就意味着:一是不得随意检查、选择性检查,要一碗水端平,公平公正执法,应合理设定检查频次;二是不得随意扩大检查内容、检查范围,要有明确合法的检查主体,并按法律法规规定的检查内容开展检查。为此,浦东城管严格按照分类分级执法模式开展日常检查(具体参见第三章)。在此基础上,重点通过两方面工作规范执法行为:

1. 明确加强执法全过程记录是确保执法规范透明的重要手段

通过制定和实施完善的执法记录仪使用管理规定,明确在各类关键执法活动中必须开启执法记录仪,对执法现场进行全面、客观、真实的记录。记录内容应涵盖执法活动的各个方面,包括执法人员的言行举止、当事人的陈述申辩、执法现场的环境状况以及证据收集过程等。不仅可为后续可能出现的执法纠纷提供可靠的证据支持,而且通过记录的可追溯性,对执法人员的行为亦形成有效监督,促使其时刻保持依法依规执法的意识,提高执法的规范性和严肃性。

2. 明确强化执法检查指引、立案、办案规范是提升执法质量和效率的关键

制定详细且具有针对性的执法检查指引,明确不同类型案件在检查过程中的重点环节、检查方法和操作程序,可为执法人员提供清晰明确的工作指南,确保执法检查能够精准定位问题,提高检查的准确性和有效性。在立案环节,严格

依据法律法规规定的立案标准进行审查，确保每一个立案决定都有坚实的法律基础，避免随意立案或应立不立的情况发生。办案过程中，规范案件审理流程，从证据的审查判断、法律适用的准确性到处理结果的公正性，每一个环节都应遵循严格的程序规范，保证案件处理结果经得起法律和社会的检验，实现执法的规范化和科学化。通过这些措施的协同推进，不断强化分类分级执法模式，为实现案件"应立尽立"，提升执法规范化水平，推动城市治理体系和治理能力现代化奠定坚实基础。

三、提升执法实效：以解决实际问题为抓手

（一）创新评估机制

新的评估机制摒弃了传统的以案件数量为主要指标的考核方式，更加注重执法工作的实际效果，着眼于解决问题，攻坚难点顽症。

1. 调整勤务模式

根据不同区域、不同时段的执法需求，合理调整勤务模式，优化执法力量配置。通过科学安排执法人员的工作时间和工作地点，提高执法工作的针对性和及时性，确保在重点区域、重点时段能够有足够的执法力量进行有效监管，提高执法工作的效率和效果。

2. 管理激励队伍

建立健全科学合理的队伍管理激励机制，充分调动执法人员的工作积极性和主动性。通过完善绩效考核制度，将执法工作的质量、效果、群众满意度等纳入考核指标体系，对表现优秀的执法人员给予表彰和奖励，对工作不力的进行批评和问责。同时，注重加强对执法人员的培训和职业发展规划，提供更多的晋升机会和发展空间，激励执法人员不断提升自身素质和业务能力，为执法工作提供坚实的人才保障。

3. 突出执法实效

新评估机制将执法实效作为核心评价标准，关注执法行为对社会秩序、环境质量、群众满意度等方面产生的实际影响。通过减少诉件数量、及时化解矛盾纠纷，以及有效运用人民赋予的监管、处罚权力，切实改善城市环境，提升城市治理的整体品质。

(二) 实施全面核查

成立"应立尽立"专项核查组,对各执法单位"非转案""不予立案"情形的真实性、合规性、合理性进行全面核查。

1. 核查种类

(1)"非转案"真实性核查。严格审查非转案情况,杜绝隐瞒、谎报,确保处置真实可靠,对弄虚作假行为追究责任。核查组会深入调查每一个"非转案"的处理过程,仔细核实问题是否确实不存在或不真实。通过查阅相关记录、询问当事人、现场复查等多种方式,全面了解情况。对于发现的隐瞒、谎报行为,将依法依规严肃处理相关责任人,确保"非转案"处理的严肃性和公正性。

(2)问题解决率核查。统计各中队不同类型问题的解决率,尤其关注同类问题在不同中队间的解决情况,督促提升整体执法效能。通过建立完善的数据统计和分析系统,对各中队处理的各类问题进行详细记录和跟踪。定期对不同类型问题的解决率进行统计和比较,找出解决率较高和较低的中队以及问题类型。对于解决率较低的中队,深入分析原因,提供针对性的指导和支持,帮助其改进工作方法,提高问题解决能力。

(3)"不予立案""不予处罚"程序与合理性核查。详细审查"不予立案""不予处罚"的程序规范性,确保决策依据充分、合理,符合相关政策口径。核查组会仔细检查承办部门在作出"不予立案""不予处罚"决定时的程序是否符合规定,包括是否进行了充分的调查取证、是否按照规定的审批流程进行操作等。同时,对决定的合理性进行深入评估,判断其是否符合相关法律法规、政策精神以及实际情况。

2. 核查工作流程

(1)确定核查单位和重点内容。依据常态核查、专项核查、定向核查规则确定对象,根据数据分析明确核查重点,确保精准发力。常态核查根据各业务执法支(大)队和中队"诉转案率"高低,通过"颜色管理、分级核查"机制确定核查频次和数量,重点关注"诉件"和"移送件"处置情况;专项核查依托信息指挥中心平台,依据各执法单位"执法检查"的"履职指数"高低,适时对"执法检查"中执法队员履职情况和问题处置情况进行核查,重点关注执法数据的分析和利用;定向核查针对上级领导和局主要领导的重要批示件、群众反映强烈的诉件、媒体关注件或已形成较大影响的事件等,实行"未转案必核查"机制,确保对重点问题的全面监督。在确定核查重点内容时,会综合考虑各类数据和信息,如投诉热点、问题集中区域、执法难点等,将有限的核查资源精准投入到最需要关注的领域,提高核查工作的效率和效果。

(2)驻点核查。核查人员进驻被核查单位,通过查看执法记录仪、查阅工单流转记录、现场走访、问询访谈等方式全方位核查。重点关注"非转案"认定的真实性、合规性,"不予立案"认定的合规性、合理性,以及违法行为处置是否合法合理,对未整改且无说明、未履行报备或审批程序的"不予立案"情况认定为"应立未立"。在驻点核查过程中,核查人员会详细查看执法记录仪记录的执法过程,检查是否存在执法不规范、证据收集不充分等问题;仔细查阅工单流转记录,确保每个环节的处理都符合规定流程;深入现场走访,了解周边群众对执法工作的看法和意见;与相关人员进行问询访谈,获取更详细的信息。

(3)核查结果认定。一是初审报批。核查工作组根据核查情况,对初步认定"应立未立"的案件填写审批表,经工作专班审核后报分管领导审批。在初审过程中,核查工作组会对收集到的证据和信息进行全面梳理和分析,形成初步的核查意见。工作专班将对核查意见进行严格审核,确保事实清楚、证据确凿、适用政策正确。二是发出认定告知。分管领导审批通过后,向被核查单位发出认定告知书,告知其有异议可在5个工作日内申诉。认定告知书会明确告知被核查单位认定的结果、依据以及申诉的权利和方式。三是陈述申辩。被核查单位对认定有异议可申诉,填报处理单及相关材料,逾期视为放弃。工作专班审核其申辩,必要时疑难合议,被采纳则撤销核查件。被核查单位在申诉时,需要详细说明自己的理由和依据,并提供相关证据支持。工作专班将对申诉材料进行认真审查,对于情况较为复杂、争议较大的案件,组织相关专家和部门进行疑难合议,确保处理结果公正合理。四是发出认定决定。被核查单位未申辩或申辩未被采纳的,核查工作组发出决定书。决定书将明确最终的认定结果,并告知被核查单位相应的处理措施和后续要求。

四、思考与启示

在"取消案件指标"工作不断深入的进程中,诸多现实挑战浮现,深刻影响着执法效能与社会治理效果。深入剖析这些挑战,并探寻与之对应的科学应对策略,对推动城管执法改革朝着高效、公正、可持续方向发展具有关键意义。

(一) 如何突破理念转型困境的瓶颈问题

在取消案件指标的改革背景下,会发现传统案件数指标考核模式所塑造的以数量为导向的思维定式,在执法人员观念中根深蒂固。这导致部分执法人员在执法过程中,片面追求案件数量,严重忽视价值判断、社会影响评估以及当事人权益保护。同时,在新的评价体系下,执法人员对工作价值衡量标准的适应程度不一,也会直接影响执法办案成效。

为突破这一困境,浦东城管依托城管学校建设工作,构建完善系统的教育培训体系。一方面,通过定期开展专题讲座、研讨班等形式,邀请法学专家、社会学学者等深入解读执法工作的本质内涵,阐释取消案件指标背后的法治理念与社会价值。另一方面,收集整理具有典型性的执法案例,组织执法人员进行案例分析与研讨,引导其从不同案例中汲取经验教训,逐步形成以质量和效果为导向的执法思维。此外,还将建立思想引导长效机制,通过内部交流平台、心理辅导等方式,帮助执法人员克服转型期的心理障碍,积极主动地适应新的执法理念。

(二) 如何解决"依法办案"与"价值判断"关系难题

法治化社会建设是优化营商环境的基石,而城管执法在其中扮演着重要角色。然而,在实际执法过程中,将依法立案与价值判断相融合依然面临重重阻碍。从专业知识层面来看,执法人员不仅需要精通法律法规,还需对相关政策、行业标准以及社会治理前沿理论有深入了解,然而当前部分执法人员知识结构单一,难以满足复杂执法需求。从实践技能方面而言,执法人员应具备较强的问题分析、沟通协调以及应对突发情况的能力,但现实情况下不同群体的综合能力仍有参差。从价值判断层面分析,以"良知"为主的评判标准存在模糊性,不同执法人员因个人价值观、成长背景等因素的差异,对同一案件的价值判断仍会存在差异。

为解决这一难题,应针对性设置政策解读、行业标准等方面的培训课程,并邀请专家进行社会治理前沿理论的讲座,拓宽执法人员的知识视野。开展实践技能培训与演练活动,通过模拟执法场景、案例研讨等方式,提升执法人员的问题分析与解决能力、沟通协调能力以及应急处置能力。针对价值判断标准模糊问题,制定详细的价值判断指引手册,明确在不同执法场景下的价值判断原则与考量因素。同时,建立执法人员容错纠错机制,鼓励其在合法合规的前提下,积极运用柔性执法方式,减轻执法人员的后顾之忧。

(三) 如何破解舆论压力与公众期望之间的平衡难题

公众对城市环境和秩序有着较高的期望,他们往往将执法部门视为维护城市良好形象的主要力量,希望看到执法工作能够迅速有效地解决各类问题,营造整洁、有序、安全的城市环境。然而,社会治理不是简单的一罚了之,处罚不代表解决问题、化解矛盾、改善民生。在新的执法模式下,执法部门可能会采取一些更为灵活、人性化的执法方式,如对于轻微违法行为进行教育劝导而非直接处罚。这种转变在一定程度上可能会引发部分公众的误解,认为执法力度减弱,从而对执法工作产生怀疑。同时,社会舆论的多样性与复杂性,使得执法行为一旦出现不当,极易引发社会性矛盾。

为有效应对这一矛盾,浦东城管也在积极思考并建立健全舆情监测与应对机制。利用大数据、人工智能等技术手段,实时监测网络舆情,及时掌握公众对执法工作的关注点与态度倾向。组建专业的舆情应对团队,制定科学的舆情应对预案,在舆情发生时能够迅速、准确地发布权威信息,回应公众关切。加强与公众的沟通交流,通过社区宣传、媒体合作等方式,广泛宣传城管执法改革的目的、意义以及新的执法模式,增进公众对执法工作的理解与支持。定期开展公众满意度调查,收集公众对执法工作的意见与建议,以此为依据不断改进执法工作,提升执法质量与公众满意度,从而在舆论压力下维护执法公正和社会稳定。

附件

浦东城管执法局
关于案件"应立尽立"工作规范

为进一步加强案件"应立尽立"工作,根据城管执法相关规定,结合浦东城管实际,特制定本工作规范。

一、工作目标

对各类信访投诉、相关部门移送问题线索以及分类分级检查、各类专项执法检查和整治中发现的问题线索,执法人员应认真核查处置,对查实的违法行为,应依法予以立案;对符合"不予立案"情形的,依设定程序,实施不予立案;对符合"非转案"情形的,依设定程序,予以结案。

二、主要内容

(一)明晰问题线索源

1. 诉件

包括:信访件(包括国信网、市局信访处置系统、领导批转以及自收件等)、投诉件(包括12345、12319、市局信箱等)。

2. 移送件

由各相关部门移送、转送的问题线索,包括相关管理部门移送的超标检测数据等。

3. 执法检查发现线索

包括分类分级检查及各类专项执法检查和整治中发现的问题线索。

(二)问题线索处置方式

1. "非转案"

经执法人员调查核实后,问题不存在或不真实的,实行"非转案",由承办部门及时终结。

2. 不予立案

经执法人员调查核实后,问题属实,但有下列情形之一的,可不予立案:

情形一:行为人未达行政责任年龄或无行政责任能力类。

（1）不满十四周岁的未成年人实施的违法行为；

（2）精神病人、智力残疾人在不能辨认或者不能控制自己行为时实施的违法行为。

情形二：情节轻微及整改消除类。

（1）违法行为轻微并及时改正，没有造成危害后果的；

（2）违法行为造成的危害后果轻微且及时消除影响的；

（3）经调查核实，危害后果已消除且无法确定行为人的；

（4）依法属于责令改正前置类的违法行为，违法行为人按期整改且符合改正要求的。

情形三：协调化解类。

对问题线索调查符合立案条件且应当给予行政处罚的，但综合考量客观实际，通过综合治理、协调化解等方式更适宜的，可不予立案处置的情形：

（1）历史遗留问题；

（2）违法线索在一定区域内普遍存在，易引发群体性、连锁性问题的；

（3）其他可通过综合治理、协调化解等方式消除影响的。

情形四：价值判断导向类。

对问题线索调查符合立案条件，但执法人员遵循人性和良知，认为应当不予立案的。

3. 立案

经执法人员调查核实后，问题属实、符合立案条件，且不适用"不予立案"情形的，必须予以立案。

（三）问题线索处置流程

1."非转案"类

由承办部门按照《浦东城管执法局关于诉件和移送件处置工作规范》的相关规定，形成处置闭环，予以办结。

2. 不予立案类

由承办部门根据不同的问题情形发起相应的处置流程。

情形一和情形二：由承办部门按程序审批决定；

情形三：由承办部门按程序审批决定，报局专项复核组备案；

情形四：由承办部门初审，送局专项复核组审核后，报局重大案件集体讨论会议研究决定。

3. 立案类

由承办部门按照案件办理程序,规范办理。

三、加强案件"应立尽立"复核

成立局案件"应立尽立"诉件及移送件问题线索复核工作组(简称"问题线索复核组")和分类分级检查及各类专项检查和整治问题线索复核工作组(简称"执法检查复核组"),对各执法单位"非转案"、不予立案情形的真实性、合规性、合理性进行复核。其中,"问题线索复核组"设在局案件管理中心;"执法检查复核组"设在局勤务监督处。

具体核查方案由各工作组制定并实施。

不予立案审批表

沪浦城管/××镇/街道(202×)第××××号

线索来源		来源单据编号	
线索种类			
具体情形	□情形一:免责类 □情形二:情节轻微及整改类 □情形三:协调化解类 □情形四:价值判断导向类		
情况简介	(按需:描述现场检查情况以及作出决定的理由和依据。相关材料作附件。)		
承办人员意见			
承办部门负责人意见			
备注			

第七章

浦东城管学校

随着行政执法体制改革的不断深化和城市治理的日益复杂化,对城管队伍的专业化、规范化要求越来越高。近年来,国家层面相继出台的一系列政策文件,如《中共中央关于全面推进依法治国若干重大问题的决定》《2018—2022年全国干部教育培训规划》《提升行政执法质量三年行动计划(2023—2025年)》等,均明确要求深入推进干部教育培训体系改革,建立健全行政执法标准化、制度化培训机制。浦东城管在政策加持及体制改革的双重引导下,着手探索建立专业化培训部门的可行性。

　　2020年年初,浦东城管创造性地提出成立"城管学校"的构想。此举一改传统单一的"全员培训"模式,旨在通过更系统、全面的教育培训,培育具备高度法律素养、精湛业务技能及良好职业道德的专业执法人才。在对城管学校的定位思考过程中,浦东城管首次提出了"一明确两优化"的工作标准,即通过明确人才梯队建设目标,优化专综结合的培养方式,优化资源和机制的管理方式,聚焦在提升学员专业技能的同时,注重学员综合素质的提升,以培养具备高度法律素养、精湛业务技能及良好职业道德的专业执法队伍。

一、浦东城管学校的两大体系建设

(一) 课程体系:对标高校,融合实战,引领未来

　　从2020年成立开始,城管学校就立足于当前形势、基层实际和未来发展三大维度,致力于城管综合执法课程体系建设工作,经过多年实践总结,2024年城管学校终于明确了"四大课程体系"建设方案,并将对标高等院校学位课程体系,紧密结合浦东综合执法工作的实际需求与"专综结合"的队伍能力建设方向,以系统性、针对性、有效性和规范性为核心,全力推进执法队伍综合素养和业务能力的全面提升。

　　1. 围绕"三个原则"设计课程体系

　　一是注重系统全面。梳理浦东综合执法知识体系,系统规划课程,既包括法治理念、法律知识、执法规范等通识类基础知识,也包括各专业执法领域基础概念和执法实务等内容,做到夯实基础、提升能力。

　　二是注重学用转换。加大执法实务类课程设计和研发,将"检查指引、办案

指引、典型案例"一体化转换,强化理论与实践相结合,将培训成果有效转化为执法队员解决实际问题的能力。

三是注重与时俱进。课程设置紧跟行业发展变化和一线实际需求,做到常学常新,与时俱进,不断更新课程内容和教学方法,学习新知识、新技术,以适应新形势、新趋势。

2. 区分四个维度划分课程类别

一是基础学位课程。全员必修课程,主要分为法学基础理论、行政程序法概述、浦东综合执法法律法规概览、浦东综合行政执法体制与特色工作简介、城管行为规范、拓展类课程六大版块,重点培养规范执法的基本素养,提升运用法治思维和法治方式从事执法工作的能力。

二是执法实务课程。结合授课内容和执法人员职责进行分类授课,主要针对执法工作的重点和一线普遍需求,打造一批执法实务精品课程,教会队员如何开展检查、如何发现问题、怎样开展执法办案等执法技能,重点按照"以综合场景为牵引,以检查事项为依托"的要求,实行"一监管对象一检查指引"的课程转化。

三是专业提升课程。专业支(大)队全体执法人员、街镇中队要将"专业执法联络员"选为必修课程,其他人员此课为选修课程。这一课程主要为帮助学员了解和掌握专业领域的基本概念、行业的管理要求、政策规定等,筑牢执法工作的专业知识底座,提升队员专业领域的执法能力。

四是业务培训课程。按照培训内容由特定人员参加,主要为了解决特定岗位和业务条线的实际需求,由各部门或单位根据自身业务条线工作需要,开设专项培训课程;或是围绕上级指示和阶段性重点工作,进行临时性专项培训。

(二)教研体系:核心引领,专业支撑,骨干带动

城管学校深入分析教研工作的发展趋势与实际需求,创造性提出了"1+N+X"教研体系的构建,明确了相关部门和业务条线的教研任务分工。这一体系的构建旨在通过强化核心教研的导向作用,激发各专业执法条线的协同效应,同时鼓励基层业务骨干探索和创新性课程的研发,从而全面提升学校的教研实力与教学质量。

1. 核心引领:城管学校教研科

"1"代表城管学校教研科,它在教研体系中发挥着核心引领作用。教研科通过深入学习并领会上级关于教育培训的目标和精神,定期开展基层需求征集工

作,确保培训内容贴近实际、满足需求。同时负责牵头组织各专业教研组,开展教学研究、教材编制、课程开发、教学评估等一系列工作,为整个教研体系提供坚实的支撑。

2. 专业支撑:若干个专业教研组

"N"代表若干个专业教研组,这些教研组按各专业执法条线以及法制、勤务、综合等不同职能分别组建,负责学科建设、教学研究、教员培养等任务。各教研组通过深入研究各自领域的专业知识,为教研体系提供丰富的专业支撑,确保培训内容的专业性和针对性。

3. 骨干带动:若干个学科带头人

"X"代表若干个学科带头人,教学业务骨干根据不同的学科类别分别担任学科带头人,参与课程设置、课件制作、集体备课等教学活动。学科带头人以其深厚的专业知识和丰富的教学经验,带动整个教研体系的发展,提升教学质量和水平。

依托"1+N+X"教研工作运行机制,成功打造一个以城管学校教研科为核心引领、多个专业教研组为专业支撑、众多学科带头人为骨干带动的全方位教研体系。此体系不仅强化了教研的引领力、专业性和实效性,还极大地促进了教学质量的飞跃。

二、把握三大关键:教材、课程、教员

(一) 教材编撰

1. "应知应会"基础教材

"应知应会"基础教材,以"应知应会"专班编撰内容为基础,由城管学校牵头,携手各业务指导部门及重点工作主办部门,通过举办研修班的形式,集思广益,对教材内容进行系统修订与完善。

该系列教材涵盖了六大核心版块——法学基础理论、行政程序概论、综合执法概览、浦东特色工作实践、城管行为规范以及综合能力拓展,构成了城管人员必备的知识体系。这些内容不仅涵盖了城管执法所需的基础理论知识,更侧重于薄弱环节的规范指导。不仅能通过系统化学习夯实法律基础,从源头上解决执法人员法学理论基础薄弱的问题,同时也关注到了面上规范指导的缺失,明确了一套规范化操作手势。对于重点工作,教材进行了深入浅出的解读,帮助执法

人员快速把握工作要点。此外,教材还着眼于队员综合素养的提升,通过综合能力拓展内容,引导城管队员全面发展。

2."执法实务"精品教材

"执法实务"精品教材,以"综合监管场景"为牵引,以"检查指引""办案指引"为基础,由城管学校牵头,汇集专业执法优秀人才,通过开设专题研讨班,组建教研团队,在广泛调研的基础上,紧贴一线执法实际需求,编撰兼具实用性和高度可操作性的系列教材。

该系列教材不仅涵盖了执法检查与案件办理的路径引导,更侧重于实战应用,确保学员能够学以致用,将所学知识转化为实际执法能力。在教材编撰过程中,城管学校不仅对执法办案的全过程进行了全面而细致的梳理与整合,还注重教材的逻辑性和条理性,力求呈现一个脉络清晰、内容翔实的教材体系。通过系统学习,学员将能够更加熟练地掌握执法流程,更加精准地把握案件要点,从而全面提升执法效率和水平。

3."专业执法"提升教材

"专业执法"提升教材,依托各专业条线支大队,聚焦于生态、交通、规土、市容、房管、农业这六大专业执法领域,编纂旨在促进专业执法提升的系列教材。编纂过程中,不仅注重理论知识与实践操作的深度融合,同时注重从背景原理、行业标准等维度深入研究,从而确保教材既有实用性与可操作性,又能兼顾专业提升和未来发展的需要。

该系列教材涵盖各专业执法领域的基本概念框架、行业管理要求以及最新的法律法规解读。通过分层分级的逐步提升方式,辅以丰富多样的案例分析与实践指导,旨在从根本上解决执法队员在专业知识掌握上的薄弱环节,助力其构建稳固且全面的专业知识体系,并进阶式全面提升其专业素养,促进执法效能提升,从而推动城管专业执法工作向更高水平迈进。

4."业务培训"辅助教材

"业务培训"辅助教材,主要由各部门及单位依据各自业务领域的特定需求与工作导向梳理编撰,旨在满足阶段性工作对于专业能力和操作技能的要求,为城管队员在复杂多变的执法环境中提供有力的支持。

该系列教材充分融合了各部门或单位在实际业务操作中的具体要求,系统性地整合了相关业务培训所必需的工作准则、精细化的操作规范以及一系列辅助性学习材料。这些教材旨在精准对接各阶段的工作任务与挑战,为城管队员在执行专业执法任务时提供翔实可靠的操作依据与指导。

(二) 课程开发

1. 划分三种类型推进课程开发

一是面上指导类课程。主要由行业及岗位的业务指导部门根据面上工作要求及行业规范标准研发课程，确保授课内容的全面性、权威性。

二是成果转化类课程。主要针对"应知应会"、办案指引、检查指引等开展成果转化，由城管学校牵头开设研讨班或组建学科团队集体备课，确保授课内容既有站位高度，又与实战实用相结合。

三是自主申报类课程。主要由基层教员根据学校教学大纲内容自主申报，通过试听试讲、等级评价等方式，挑选出成熟课程，纳入后备课程库。自主申报课程不仅丰富了学校课程库，还充分展现了基层教员在执法办案、管理做法和个人特长上的优势。

2. "三个步骤"确保课程质量

一是课程需求征集。定期组织课程需求调研活动，广泛征求基层教员、学员以及上级部门的意见和建议，确保课程内容符合实际需求。

二是研发试听入库。通过组织专家评审、基层教员互评和学员反馈等方式，对各类课程进行全面评估，并由培训专员和学校提出优化完善建议，确保课程质量。

三是课程评估优化。学校通过跟班听课、定期评课机制、实操课程评估等方式，对课程进行全面评估，对存在的问题和不足及时纠正和优化。同时，开通学校"民意坊"，广泛征集学员意见，为课程持续改进提供依据。

(三) 教员培养

1. 教员选用：多元化、高质量

一是多元化教员的选用。学校采取多渠道并进策略，依托"外引+内培"双重模式，成功搭建多元化教员来源渠道。对外，学校通过特邀和聘用等灵活方式，广泛吸纳行业精英和高校教师；对内，则依托各类研讨班、研修班集体备课，结合业务条线推荐、自主申报等路径，充分挖掘内部潜力。

二是高质量人才的选用。学校结合局系统各类争先创优活动，鼓励系统内部优秀人才参与教学，形成高质量人才选用机制。2023年，学校创新性推出"一把手"上讲台活动,充分发挥领导干部的示范引领效应,不仅促进了领导干部自身业务能力和政治素质的双提升,更为整个教员队伍树立了标杆。2024年,学校推出"十大标兵"传帮带活动,由执法标兵带头开设现场教学,进行经验分享、技巧传授,为教员队伍注入了新的活力与灵感。

2. 教员培养:多层次、全方位

一是全过程跟踪指导。城管学校全程协助新进教员备课授课工作,对内容选取、课程设置、课件准备等备课工作作针对性指导,并通过试讲课和正式授课中的听课评估与反馈,协助教员完善课程设置。通过全方位的跟踪与指导,确保教学质量稳步提升,也为教员提供宝贵的自我反思与成长的契机。

二是阶段性技能培训。学校定期举办教学技能培训班,邀请教育领域的权威专家,通过专业讲解、现实案例以及实践演练,帮助教员领悟并掌握先进的教学理念与方法,提升教学水平。

三是不定期交流研讨。学校通过组织各类教学研讨会,为教员提供了一个展示自我、交流思想、分享经验的平台。教员通过平台共同探讨教学中的热点与难点问题,分享成功的教学案例与心得体会。通过跨专业的交流与合作,拓宽教员的视野,更增进了沟通交流,共同推动了学校教学质量的整体提升。

四是备课资源支撑。为教员建立开课需求征集通道,及时了解基层急难愁盼问题、面上普遍存在的问题及上级部门重点关注问题等,助力明确开课方向;搭建数据资源共享平台,与业务主管部门建立机制,及时掌握面上的操作口径、管理数据与实际情况等,为教员授课提供理论与案例支撑。

3. 教员管理:标准化、规范化

一是日常管理。学校按照教员管理细则,对所有系统内部兼职教员均纳入教员库统一管理。从授课次数、"学员、学校"两级分值评价维度,对教员的日常教学、课件准备、课堂质量等教学的各个环节进行日常管理。每年度组织综合考评,按照"优秀、良好、合格、不合格"的等第,对教员进行分类评价,形成了"教—学—评"三位一体的标准化管理体系。

二是晋级评优。学校结合教员的日常管理、年度综评、授课次数、教龄年限等,对内部教员开展等级评定,设置了"初级、中级、高级、特级"的阶梯式成长体系。同时,每年度开展"优秀教员"的评选活动,由日常管理评分、专家评审小组现场评审、大众评审打分后确定获奖名单。通过制度激发教员的工作积极性和创造力,促进教研业务水平的整体提升。

三是激励关怀。将教员的评优结果、综合评价考核结果与职务职级晋升"积分制"挂钩,多措并举激活教员内在动力,提高授课积极性。同时增加人文关怀,如教师节的一封感谢信,初、中、高级教师聘任,优秀教研人员通报等,进一步提升教师的责任感与使命感。

三、对象管理和数字化保障

（一）学员管理

1. 学员的科学划分

一是根据课程的划分。学校根据基础学位课程、执法实务课程、专业提升课程三种不同类型,将学员从新老队员区分、岗位需求区分、职务层级区分等角度进行科学划分管理。基础学位课程主要面向全体人员;执法实务课程主要面向街镇一线执法骨干;专业提升课程则针对特定专业执法领域,如交通执法、生态执法等领域的学员;业务培训课程主要是面向特定人群、特定岗位,如督察、案审、信访岗位等学员。

二是根据需求的划分。2024年起,学校在原有按需培训基础上,全面开通"自主申报"培训渠道,允许学员可在单位领导同意的情况下,根据自身需求和兴趣选择报名参加相应的培训班,充分激发学员的学习积极性,从"要我学"转变为"我要学",提高培训的针对性和实效性。

2. 日常学习管理

一是制度化管理。制定、完善《浦东城管学校学员管理规定》,从培训纪律、请销假制度、学时学分管理等方面进行了详细规定。通过智能算法设备实现人脸识别考勤和课堂全过程监控管理,加强纪律教育,确保学员能够静心上课。

二是自治化管理。学校采用"班主任＋班委"的管理模式,班委由学员投票选举产生,负责班级在宣传、纪律、组织、生活等方面的自治管理;制作、优化班委工作职责清单和小组任务清单,明确班委和学员的职责分工,确保培训任务的落实。

三是智能化管理。研发"浦东城管学校培训管理平台",实现了学员的智能化管理。系统分为手机端和学校网页端两种模式,方便学员进行班级报名、上课考勤、课程评价、在线考试等日常学习活动。

四是全周期管理。对学员的学习培训进行全周期管理,从培训前的信息采集和需求征询,到培训期间的全面量化考核,再到培训结束后的学籍档案建立和跟踪关怀,确保学员在整个培训过程中都能得到充分的关注和支持。

3. 学习结果评估

一是量化考核与学分管理。学校建立学时学分管理模式,通过日常考勤、课堂纪律、团体活动、考试成绩等多个方面对学员进行量化考核。同时,为正向激励和提高参与度,还设置了加分事项,如担任班委、简报投稿、课堂互动等。

二是优秀学员与班干部评选。学校通过对学员在校期间的表现,包括学习情况、承担班委工作及简报编辑、课题调研报告、学员试讲等活动参与情况的综合评估,评选出优秀学员和班干部,并给予表彰和奖励。

三是学习交流与问题解决。学校为在校学员搭建多种形式的学习交流平台,通过小组讨论、师生互动讨论、研讨座谈等方式,促进学员之间的沟通协作,从而共同探讨解决工作中遇到的实际问题和困惑。

(二)配套管理

配套建设是学校创新发展的保障。科学高效的管理平台、多功能的智慧教室等,是浦东城管学校优化教学的辅助条件和支撑。

1. 管理平台建设

一是建成"学员、教员、课程"三大数据库。学员数据库通过抓取"浦东城管"APP数据,实现资源共享,避免重复录入,并为学员参训情况提供一对一登记保存和多记录统计分析;教员数据库分为外部和内部教员,进行分类管理,并通过扫码评价对内部教员进行考评,设置等级评定规则;课程数据库则根据基础班、专业班、主题班等类型对课程内容进行划分,并录制重要课程视频、拍摄教学视频等,形成线上资源库。

二是实现"线上开班、线上归档、线上统计"三大功能。线上开班功能自动形成课程表,进行线上报名、审核、通知和反馈,实现线上"一键开班";线上归档功能设置班级管理内容模板、学用小结及相关教学资源归档上传界面,实现线上"一键归档";线上统计功能则提供基础数据统计和运用数据统计,全面展示学校建设和业务培训情况,了解队员专业技能掌握程度。

2. 智慧教室建设

一是"五位一体"的智慧教室。目前,智慧教室主要由数字化教学系统、课堂行为管理系统、常态化录播系统、远程教学系统以及教室中控系统五大核心部分组成。这些系统相互协作,共同支撑起智慧教室的高效运行。

二是"一核多点"的教学模式。"一核"指城管学校智慧教室,是教学中枢,集成了包括教学、管理、互动、分享等内在功能,是核心驱动力;"多点"则指浦东城管基层单位的多个微课堂,通过各单位微平台与城管学校智慧教室紧密相连,共同构建一个覆盖全系统的智慧教学模式,实现资源的高效共享和学习的深度互动。

三是"现场＋外场"的无缝链接教学。智慧教室以"简单易用、场景融合"为核心理念,实现了现场课堂与外场教学的无缝链接。学员可以在课堂内直接通过视频直播形式,实现外场实操带教和互动交流。同时,智慧教室还能实现本地与远程教学无缝对接,拓展实时参训的功能。

四、思考与启示

(一) 如何处理好教学培训与执法工作"工学关系"

执法工作的专业性、复杂性和动态性要求执法人员不断接受培训以提升自身能力。然而,执法人员日常工作繁忙,如何在不影响正常执法工作的前提下开展有效的职业培训是一个亟待解决的问题。通过思考与实践,浦东城管认识到,工学同促以及合理利用兼职教员资源是实现教学培训与执法工作并行的关键路径。

1. 优化"工学同促"培训策略

(1) 灵活安排培训时间。其一是试行错峰培训。通过分析执法工作的周期性和业务繁忙程度,将培训安排在执法业务相对空闲的时间段。例如,在案件处理量相对较低的季节或时间段集中开展培训课程。这样可以避免培训与执法工作在时间上的冲突,使执法人员能够全身心投入培训,增强培训效果。其二是试行碎片化学习。即利用现代信息技术,开发碎片化的培训课程资源,如制作短视频教程、在线微课程等,执法人员可以在工作间隙,如午休时间、执法间隙等利用移动设备进行学习。每个碎片化课程聚焦一个特定的执法知识点或技能点,便于执法人员快速学习和掌握,同时不影响正常执法工作。

(2) 培训内容与执法实践相结合。其一是将案例教学融入日常执法。在日常执法工作中,以实际案例为教材,现场进行案例分析和讨论。执法人员在处理案件过程中,上级或培训教员可以自主引导他们运用所学理论知识对案件进行分析，提出处理方案，并与相关法律法规和标准进行对照。这种方式将培训融入执法实践，使执法人员在实际工作中能够不断提升业务能力。其二是推行"基于问题"的学习模式。鼓励执法人员在工作中发现问题，并将这些问题作为培训学习的切入点。在培训课程中，围绕执法工作中的实际问题组织学习和讨论。例如，针对城市管理执法中常见的违法建筑拆除难的问题，组织执法人员共同探讨解决方案，学习相关法律法规、执法程序以及沟通技巧等。通过解决实际问题，提高执法人员的综合能力，同时也使培训内容更具针对性和实用性。

2. 扩大兼职教员队伍

(1) 针对性地选拔与培养。其一是推行多元化选拔标准。在执法队伍内部选拔具有丰富执法经验、扎实专业知识和良好教学能力的执法人员担任兼职教员，在此基础上，也可以从法律专家、行业资深人士等外部资源中聘请兼职教员。选拔过程中，注重考察其实际执法能力、对执法工作的理解以及传授知识和技能的能力。其二是针对性培训提升教学能力。需要为兼职教员提供专门的教学技能培训课程，包括教学设计、教学方法、课堂管理等方面的培训。例如，开展教学方法工作坊，让兼职教员学习如何运用案例教学、模拟教学、小组讨论等多种教学方法，提高教学的趣味性和实效性。同时，鼓励兼职教员之间进行教学经验交流和分享，共同提升教学水平。

(2) 兼职教员的作用发挥。其一是侧重工作现场指导。兼职教员可以发挥工作优势，在执法工作现场进行实时指导。在执法人员执行任务时，兼职教员可以观察执法过程，及时纠正不规范的执法行为，解答执法人员在实际操作中遇到的问题。这种现场指导能够使培训与执法工作紧密结合，快速提升执法人员的实战能力。其二是经验分享与传承。定期组织兼职教员开展经验分享会，让他们将自己在执法工作中的成功经验、案例处理技巧、应对突发事件的方法等分享给其他执法人员。通过经验传承，促进执法队伍整体素质的提升，同时也丰富了培训内容，使培训更贴近执法实际工作。

(二) 如何解决执法类职业培训教材编写所面临的问题

执法工作的专业性、规范性和时代性要求执法类职业培训教材具备高质量、实用性和前瞻性。然而，当前城管执法类职业培训教材编写仍存在诸多困境，如内容与实际脱节、针对性不强、更新不及时等，影响了培训效果和执法人员素质的提升。因此，深入研究执法类职业培训教材编写问题并提出解决方案具有重要意义。

城管学校前期教材的编写已充分考虑到各处难点,并已研究细化了相关解决措施。如上文中所述,为解决内容与实际脱节的问题,在教材中增加实际案例分析,并将模拟执法场景编写入教材;为解决针对性不强的问题,深入开展分领域专项教材编写工作等。此外,对于教材编撰工作中存在的隐患和困难,也在通过科学的思考和实践来开辟工作新路径。

1. 优化编写团队构成

其一,吸纳执法一线人员参与编写。邀请具有丰富执法经验、业务能力强的一线执法人员加入编写团队。一线执法人员能够提供大量真实的执法案例、实践经验和现场需求信息,使教材内容更具实用性和针对性,并且他们可以与学者、专家共同研讨,将理论与实践有机结合。

其二,组建跨学科专家团队协作编写。整合法律、管理、技术等多领域专家资源,组建跨学科编写团队。不同领域专家发挥各自优势,共同研讨教材编写大纲、确定内容重点、审核教材质量。例如,法律专家负责法律法规解读准确无误,管理专家提供执法管理策略,技术专家介绍执法技术应用等,确保教材内容的全面性和科学性。

2. 创新教材形式

其一,开发数字化多媒体教材。利用数字化技术,尝试开发数字化多媒体教材,如电子书籍、在线课程、移动应用等。数字化教材可以集成文字、图片、音频、视频等多种形式的信息,生动形象地展示执法案例、执法流程和技术操作等内容。同时,通过在线互动功能,实现执法人员与教材、教员之间的互动交流。

其二,增加互动性和趣味性设计。在教材中设计互动环节,如案例讨论、在线答疑、知识测验等,激发执法人员的学习兴趣和主动性。采用图文并茂、故事化叙述等方式呈现教材内容,将严肃的执法知识以更生动有趣的形式展现出来,提高执法人员的学习积极性。

3. 建立及时更新机制

其一,跟踪法律法规动态实时更新。联合相关处室、部门,设立专门的教材更新团队或岗位,负责跟踪国家和地方法律法规的修订情况。一旦法律法规有更新,及时对教材相关内容进行修订,并以补充资料、在线更新等方式及时提供给执法人员,确保执法依据的准确性。

其二，关注行业发展，及时纳入新内容。密切关注执法行业的发展动态，如新的执法理念、技术手段、管理模式等。定期对教材进行评估和修订，将行业最新发展成果及时纳入教材内容，使执法人员能够学习到前沿的执法知识和技能。

第八章

浦东城管基层执法队伍的双重管理机制

实施浦东城管基层队伍双重管理（以下简称"双管"）机制，是浦东新区城市管理干部队伍体制改革的一次重要探索和创新。通过分析浦东城管"双管"机制的主要做法、制度优势、实践成效，揭示"双管"机制在破解传统管理模式下"放块"与"拉条"管理局限，以及在建立健全干部培养、选拔、交流制度，加强执法队伍规范化建设等方面的重要作用，为进一步完善城市管理体制、优化城管干部队伍建设提供创新思路和实践参考。

一、浦东城管"双管"机制的架构与内涵

在行政管理体制结构中，"条"与"块"的二元框架结构不仅是构筑政府管理模式的基石，更是引领包括浦东城管在内的众多政府机构发展路径的关键要素。随着城市化进程的加速和社会治理需求的多样化，传统的"条""块"单一运作模式，逐渐显露出其固有的局限与不足。作为城市管理的前沿阵地，浦东城管并未止步于既有框架的束缚，在历经了拉"条"放"块"交叉探索、磨合调整的过程后，凭借持续不断的实践智慧与创新精神，逐步构建了一套既符合浦东城市发展独特需求，又彰显管理创新深度的"双管"机制。

（一）"双管"机制的概念界定

1. 基于条块关系的定义

为强化浦东城管基层队伍的管理效能，2019年浦东新区区委组织部与区执法局联合发布了《关于进一步加强城管执法中队干部队伍管理的实施意见》（以下简称《实施意见》），实现了城管基层队伍在条块管理上的有机结合，标志着"双管"机制在浦东城管领域的正式确立。

浦东城管的"双管"，是指区执法局和属地街镇按照各自职责对城管基层队伍实施共同管理的机制。具体而言，基层城管中队的日常管理（包括人、财、物管理和具体行政事务）由街镇负责，即"街镇属、街镇管、街镇用"；区执法局侧重于统筹干部培养选拔、职级晋升、轮岗交流等工作，负责干部队伍的业务培训、绩效考核和作风督察等。浦东城管的"双管"机制通过"重心下移、事权下放、队伍下沉"的方式，将执法资源配置与工作量相匹配，推动行政执法队伍工作力量下沉、

执法资源下倾，夯实基层治理工作基础，使更多的执法力量和资源能够直接投入到基层一线。

2. 与传统管理机制的区别与联系

相较于传统的管理机制，浦东城管的"双管"机制在构建过程中充分融合了"条"的专业性和"块"的综合性，又通过创新优化管理机制，有效地弥补了单一管理模式所存在的局限性。

传统的拉条管理侧重于专业部门的垂直管理，有助于城管部门在领域内凸显专业优势，有效避免职能交叉和多头执法的问题，从而提高管理效率和质量。但这种管理方式也存在明显的弊端，条块分割可能导致各区域各自为政，缺乏整体协作，进而在资源分配上产生竞争，降低整体管理效能。此外，跨部门沟通协作需要更多的时间和精力，也会增加管理成本。

而放块管理更强调属地管理，赋予街镇更多的自主权。这种管理方式能够立足本级，深入了解掌握本地地情，从而迅速发现问题，响应问题，做到得力监管。同时，放块管理有助于实现职能部门间的功能整合与系统效益的叠加，实现资源的优化配置与共享。然而，如果权责划分不明确，也可能导致责任主体的缺失或重叠，影响管理效果。此外，综合执法权力下放后，基层单位在专业能力对接、权限对接、信息对接以及专综执法的边界关系等方面也可能面临挑战。

条块关系的内涵在于权责分配，浦东城管通过明确的政策文件，界定了执法局和各街镇的职责界面和沟通协商机制，在日常管理、干部培养选拔、选任晋级、轮岗交流等方面都制定了清晰的实施口径，在实践中也形成了良好顺畅的沟通机制，对推进协同合作、推动中心工作和提升管理实效发挥了积极作用。

（二）双重架构下的主体关系

1. 区执法局—街镇：协同合作

在浦东城管"双管"机制的实践中，区执法局与街镇都是基层城管中队的管理部门。执法局的职能主要是根据区政府赋予的职责，统筹做好区级层面城市管理行政执法工作，主要包括政策研究、业务指导、统筹协调和监督考核以及执法队伍的业务培训、政风行风建设和干部管理工作等。街镇作为辖区内拥有相对集中行政处罚权的执法主体，主要负责整合辖区内管理服务执法资源力量，对辖区内职能部门负责的执法事项进行综合协调，组织执法队伍开展辖区内综合行政执法活动，提高综合行政执法效能等。

明晰的职责划分是确保双重管理机制有效运行的核心,也是确保城市管理工作顺畅运行的关键要素。在双方对执法队伍的管理职责上,《实施意见》可以说清晰界定了各项工作的责任归属。

2. 区执法局——街镇中队:指导监督

35支街镇中队,作为区执法局在基层的延伸,覆盖了浦东全区(不含临港新城)12个街道及23个镇,构建起浦东城管坚实的基层执法网络。在"双管"机制下,这些中队既接受街镇的日常行政管理,又接受区局的业务指导。属地中队全面承担起各自辖区内综合行政执法的具体职责,包括日常巡查、违法查处、宣传教育等,紧密联系群众,确保城市管理各项任务在基层得到有效落实。区局通过制定政策、定期检查、执行绩效考核和评估机制等方式,对街镇中队的执法效能和成果实施进行监督与评价,保障执法活动的规范性和高效性。

3. 区直属支(大)队——街镇中队:专业支持

区执法局下设多支直属专业执法队伍,包括:生态环境执法支队、交通执法支队、农业执法大队、市容城建执法大队、房屋管理执法大队、规划资源执法大队等。

区直属支(大)队作为专业执法队伍,具备丰富的专业知识和实践经验,负责区级城管执法事项,查处辖区内疑难复杂、跨街道乡镇、社会影响大的案件,并在专业性案件上对街镇中队进行深入指导和支持。在执法事项下沉的改革背景下,街镇中队承接了部分专业性较强的执法事项,在具体工作中,直属支(大)队会根据街镇中队的需求和实际情况,提供针对性的指导和建议。例如,在处理涉及环境保护、土地执法等复杂案件时,专业大队可以为街镇中队提供有效的业务指导和执法策略。此外,定期组织培训、带教和交流活动,提升街镇中队执法队员的专业素养和执法能力。同时,与街镇中队建立紧密的协作机制,形成合力,共同应对城市管理中的热点难点问题。

(三)"双管"机制的运作核心

1. 重心下移、事权下放、队伍下沉的内涵与实施

重心下移旨在强化基层在城市管理中的关键作用,通过实行"街镇属、街镇管、街镇用",赋予基层更多的执法资源和更广泛的执法权限,使其成为城市管理的主要力量。除了更有利于街镇对城管执法队伍的动员组织和指挥协调,强化城管执法中队的属地保障,也为浦东城管执法事权下沉工作试点创造了有利条件。

在执法事权的分配上，浦东城管根据基层的承接能力和实际情况，总结出"成熟一批下放一批，逐步成熟逐步下放，不成熟的暂时不放"三步法，编制明确的执法事项清单，在各执法领域形成了一批成熟可运用的执法案例和保障机制，并轮番在各街镇开展试点和带教，实现执法事项"基层接得住，基层都会做"，充分保障业务指导的支撑作用。

在执法力量的布局上，浦东坚持执法力量充分下沉一线。全区一线执法队员2 000余名，约占全系统人员总数的98%。2020年以来，浦东城管陆续调整编制，充实基层中队，将规划和国土资源、水上交通、农业执法等领域新划转的执法事项所涉执法人员下沉至街镇，延展综合执法覆盖面。

"重心下移、事权下放、队伍下沉"是浦东城管改革的核心理念，通过优化执法资源配置，增强基层执法力量，扩宽基层执法权限，优化基层执法队伍结构，显著提高了基层的执法能力和执法水平。

2. 资源配置优化的原理与效果

在权责明晰的框架下，"双管"机制的优势在于能够充分发挥区执法局和街镇在各自领域的资源配置优势。

在干部选任方面，街镇对所属行政执法队伍及执法人员实施日常管理和考核，但无法全面掌握区层面其他单位的干部情况，缺乏必要的横向比较机制，这种局限性导致干部选拔只能从相对有限的"盘子"中进行，容易造成干部来源单一、内部竞争不充分、整体活力不足的问题。而区执法局能在面上掌握全区城管队员的考核情况，居间协调各街镇之间的人员调配，从而在全区层面上实现优秀干部的统筹配备。通过全局性的视角和"鲶鱼效应"的运用，最大限度地盘活全系统干部资源，激发干部队伍的活力和潜力，为全区干部队伍工作的持续健康发展注入新的动力。

在职级晋升方面，区执法局主导职级晋升工作的优势在于，将原本在各自单位进行核算的职级数集中到区层面进行统筹，在一定程度上争取到更多的职数资源和晋升机会，有利于构建更加科学合理的队伍职级结构。同时，通过对表现优异的单位和个人予以倾斜，从而大大调动基层队伍和队员工作的积极性，也为后续在系统内部有序开展轮岗交流活动提供了依据，确保人才资源的优化配置与流动，进一步促进了干部队伍的全面发展与整体效能提升。

在轮岗交流方面，得益于"双管"机制，区执法局能够紧密结合实际情况，在全区范围内系统推进干部轮岗交流工作。在这一过程中，区执法局能把握专业支大队与各街镇间的实际需求与特点,协调专业支大队和各街镇之间的人员调配,实现优化配置。轮岗交流机制一方面能够为干部提供多元履职经历,提升工作能力和综合素质,激发队伍的活力,为培育适应新时代发展要求的复合型人才队伍奠定基础;另一方面能够在防范廉政风险、解决岗位权力固化可能引发的腐败问题上发挥重要作用。通过定期的岗位轮换,可有效打破权力垄断,降低廉政风险,为构建一个更加公正透明、健康向上的执法环境提供有力保障。此外,轮岗交流还能切实解决一部分队员通勤距离远、时间长的困难,增强队员的归属感和幸福感,彰显区局以人为本的管理理念。

(四)"双管"机制的具体实践

1. 日常管理的责任分工与实施

街镇是城管中队干部队伍日常管理的责任主体,对街镇范围内的城市管理工作进行任务分配、工作调度,制定城管中队干部队伍管理制度,能够有效落实干部队伍的思想政治教育、纪律作风建设以及廉政文化教育,确保干部队伍管理的规范性。

区执法局是城管中队干部队伍管理的监督主体,主要对城管中队干部队伍的履职状况、队风队纪、内务管理等进行常态化督查。同时,负责统筹全区执法力量,开展重大执法、重要活动保障以及应急处置等。

2. 干部培养与选拔任用机制

干部培养机制是区执法局人才队伍建设中的关键环节,对此,区局始终保持着高度的重视与持续的投入。在干部专项调研工作上,区局不仅将其作为选拔优秀干部的前置条件,更视为深入了解干部现状、评估干部潜力、布局干部未来发展的重要途径。调研过程中,区执法局广泛听取各方意见,特别是重视属地街镇领导的反馈,以更高站位、更宽视野发现优秀年轻干部,形成总量充裕、结构合理、动态平衡的优秀干部"蓄水池",为组织的未来发展储备丰富的人才资源。

选拔任用机制作为人才队伍建设的核心环节,关乎城管队伍的综合素质与效能,也是推动队伍凝聚力与创新力的关键所在。街镇中队主要领导(中队长、教导员)的人选,由区执法局党组与相关街镇党(工)委会商,在全区城管执法系统内择优选拔。中队主要领导为副处级的,原则上应从区执法局确定的正科级调研对象中选拔;中队主要领导为正科级的,原则上应从区执法局确定的副科级及以下优秀年轻干部中选拔。对于街镇中队副职和其他领导干部,我们更注重属地化原则,即优先考虑并尊重街镇党(工)委的意见,由属地组织来具体负责选拔工作。这一做法能有效增强基层中队干部的积极性,激发队伍内部活力,有助于形成更加紧密的工作合力。

3. 职级晋升与轮岗交流制度

相较于职务晋升,职级晋升以其更广泛的覆盖面,影响着每个队员的职业发展及整个执法队伍的战斗力与凝聚力。在高级主办职级晋升方面,城管中队一、二级高级主办的晋升,由区执法局党组进行动议和酝酿,综合考量候选人的领导能力、工作实绩、群众基础等多个维度,形成全面而细致的晋升建议后报区委研究决定;三、四级高级主办的晋升,由区执法局党组听取街镇党(工)委意见后提出建议,经区委组织部预审后,由区执法局党组牵头组织实施。在一至四级主办的晋升方面,其职级职数的设定和调整,由区公务员局会同区执法局核定。每年,区局会根据城管队伍的实际情况与发展需求,设计职级晋升方案,报区公务员局通过后布置相关街镇组织实施。

区执法局统筹轮岗交流工作是顺利推动全区各街镇之间城管队员交流的基础。通过轮岗交流,能有效地加强城管中队干部之间的交流与互动,提升城市管理效能,促进城管队伍的专业化、规范化和廉洁化建设。

集中交流是轮岗交流机制的主要形式。每五年,区执法局会开展集中交流工作。城管中队的主要领导干部,包括中队长和教导员,如果在同一中队任职满五年,应当进行交流;任职满八年的,则必须进行交流。对于其他干部,如果在同一中队工作满八年,应当进行交流;满十年的,则必须进行交流。为了确保中队工作的连续性和稳定性,每次交流的人数一般不超过中队干部总数的三分之一。这一比例设定既保证了交流的力度,又避免了因交流人数过多对中队工作造成影响。近年来,区执法局先后组织干部集中交流两次(2021年,交流街镇中队主官、副队长 22 名;2023 年,交流街镇中队主官、副队长 10 名),队员集中交流两次(2020 年,交流街镇中队队员 252 名;2021 年,交流直属单位队员 57 名)。

除了集中交流外,平时交流也是轮岗交流机制的重要组成部分。区执法局会根据实际工作需求、干部培养规划等因素,对城管中队干部进行适时交流。这种交流形式更加灵活多变,可以根据具体情况进行点对点交流,以满足实际工作需要。

二、"双管"机制主要成效

(一) 社会治理效能提升

1. 基层治理协同性增强的体现

依托日常管理机制,街镇中队主要接受属地街道办事处和镇政府管理,工作目标聚焦街镇,与属地管理目标相一致,更容易受到属地协助,从而促进基层治理的协同与效率。同时,执法力量深入一线,有利于从源头上及时发现和高效解决城市管理问题,据统计,在全区 35 个街镇(不含临港新城)的 1 424 个居村、2 833 个住宅小区的执法服务中,有 625 名执法队员以"一对一"或"一对多"的形式深入居村一线参与社区治理,进社区执法力量约达到 50%。通过参与居村联勤联动工作,积极协助居村开展市容环境乱象治理,营造普法宣传氛围,在居村层面形成了与公安、市场监管、安监等力量的联动协作机制,增强了基层治理最小单元的管理与执法的合力。

在"双管"机制下,直属支大队和各街镇也破除了各自为政的壁垒,强化了横向协作,各部门间的协调配合得到进一步增强。比如,在"五违四必"环境综合整治行动中,在区委、区政府的统一部署下,建立了区城管执法局专业执法大队与"五违"办紧密协作的工作机制,这一机制实现了房屋管理、土地规划、市容城建、督察等多个专业执法领域的力量与"五违"办、属地街镇之间的深度融合,通过从各街镇中队抽调优秀干部参与攻坚拔点,不仅聚焦了全区性的重点工作,也兼顾了各街镇的属地任务,有效推进了"五违四必"工作的深入实施。这种跨部门、跨街镇的协作模式,确保了整治销项行动的高效执行,实现了对违法建筑、违法用地等问题的全面整治,为提升城市环境和居民生活质量做出了显著贡献。同样,在小区综合监管、营商环境建设、重大活动保障等重点任务和非现场执法、数字化转型等示范引领工作中,"双管"机制都发挥了明显的作用。

2. 专业执法支队职能发挥的成效

浦东城管在现有执法事权相对集中的基础上,全面梳理、科学整合各支大队的执法业务事项,通过明确支大队专业总负责和区域全覆盖的职能,全力做强专业,覆盖全区。根据执法事项专业性强弱以及街镇城管中队承接能力,制定了支大队与街镇中队事权划分工作手册,明晰了各专业支大队与街镇城管中队在市容、环保、水务、交通、规土等领域的执法事权划分及工作流程,更好地发挥了综专结合执法体制效能。比如，规划资源执法大队推行以违法用地分类分级查处为中心的土地执法"双管"模式，明确区级违法用地由规土大队查处，镇级违法用地由属地街镇中队查处，解决了街镇中队查处区级项目违法用地地位不对等、话语权不够高的问题。近两年来，浦东城管开展各类培训30余次，指导街镇中队吃透用好土地政策，其中2024年度指导各街镇中队对232个图斑进行了纠偏；建立"大队勤务法规—大队6个小队—街镇中队专职人员"三级指导模式，划片分区分层指导；建立联合办案、联合宣传机制，联合街镇中队向街镇其他职能部门和村集体宣传用地政策，减轻街镇执法压力。通过发挥条线优势，积极向管理部门反馈街镇意见，致力于推动调整不合理的判定口径及管理规定，立足执法实践促进管理机制的优化升级，从而为执法赢得空间。

（二）干部培养与人才发展

1. 多渠道培养模式的成果

"双管"机制下，浦东执法局积极为干部搭建平台，打造多维度的干部培养渠道。开展项目化培养，结合区委、区政府和执法局工作重点，围绕中心工作，选派优秀年轻干部、业务骨干参与项目化研究、实战性推进，在攻坚克难、急难险重岗位上锻炼和培养干部。实施局系统青年人才"种子"计划，注重年轻干部培养，采取"理论授课、现场教学、交流研讨、课题调研"等方式，分三期对全区选拔出的154名年轻执法人员实施了针对性培养。目前，25名年轻队员已提任到科级领导岗位（正科10名、副科15名）。同时，加强多渠道交流锻炼，通过干部双向挂职交流，推进与法院、管理部门、大型企业等相关单位合作培养，开展基层锻炼和跟岗学习等举措，锻炼出了一批既懂业务、又善管理、既具备理论素养、又拥有实战经验的高素质干部，为浦东城管执法队伍的整体素质和能力提升打下了坚实基础。近几年，交流提任到街镇班子的处级干部共12名（交流5名，提任7名），每年参加管理部门、大型企业交流锻炼的队员计80余名。

2. 竞争选拔机制的激励效应

依托制度优势，浦东执法局致力于拓宽干部选拔的视野，通过竞争上岗的方式，为年轻干部提供展示才能的平台。其间，区执法局举办了三次科级干部选拔活动。在2020年的"90后"副科级领导干部竞岗中，共有100名队员报名参与，通过60名评委的现场打分，结合座谈会及实地业绩考察等情况综合研判，10名干部脱颖而出。紧接着在2021年，开展了"70、80后"干部竞岗，48名队员参与角逐,7名表现优异的队员被提拔至基层中队副队长的岗位,用他们的能力和才干为基层执法工作注入了新的活力。2023年,区执法局再次组织正科级领导干部竞岗,16名40岁以下的副科级干部参加了这次选拔,6名表现突出的干部被提拔为正科级干部,在直属支大队担任重要岗位。

此外,浦东执法局还注重树立典型,通过评选"十大标兵""十大标杆"和"执法新秀"等活动,激励和表彰在执法工作中表现突出的个人。同时,区执法局积极推荐优秀干部参与上海市城管执法系统的"优秀中队长"和"文明规范执法标兵"评选,以此发掘和表彰更多业务精湛、执法能力强的优秀人才。自浦东执法局成立以来,已有8名基层中队长获得此殊荣,现均已被提拔使用,充分体现了城管执法系统人才培养和选拔机制的成效。

(三) 执法队伍作风建设强化

浦东城管实施"双管"机制,不仅是对城市管理的新探索,同时也是加强执法队伍规范化建设的重要推动力,为区执法局监督管理干部队伍、加强作风建设提供了重要抓手。

1. 督察巡查工作的保障作用

区执法局专门成立督察大队,负责局系统执法人员行为规范和工作纪律的督察,并建立三级督察体系,对执法人员的着装仪容、请销假制度、值班执勤等方面进行督察,对于发现的问题,以现场提醒、督察单以及督察通报等形式,告知单位及时整改。围绕区委、区政府决策部署落实情况、局重要决定和要求落实情况、各单位整体精神风貌、领导班子建设、局重点工作落实情况等事项,采取听取汇报、民主测评、查阅台账、个别访谈、走访街镇(管委会)和监管对象等方式,开展专项巡查工作。为切实加强干部队伍作风纪律和执法规范建设,制定了《浦东城管加强干部队伍作风纪律和执法规范建设的若干规定》(即"双十"禁令),加强办公规范、执法规范、办案规范的核查,对于违反禁令的个人和单位予以责任追究。其中,对于违反"双十"禁令的个人,一年内发生一次的,当年度不得评优,发生两次及以上的,延迟职级晋升一年;对于违反"双十"禁令的个人所在单位,还将在年度绩效考核中予以相应扣分。

2. 作风纪律教育活动的成效

浦东城管每年组织局系统全体人员开展集中性体能、队列、纪律作风等训练,培养队伍严明的组织纪律和优良的工作作风。同时围绕依法行政、作风纪律、为民服务等方面，每年在局系统开展为期三个月的作风纪律教育整顿活动，通过对照制度规定深入查摆问题，有效促进了依法行政和依法履职能力的提升。为进一步加强警示教育，局系统还定期召开警示教育大会，通报违纪违法典型案例，作为警示深刻警醒全体队员。此外，对新提任干部和新进队员组织廉政谈话和入职教育，显著强化了干部的廉政意识和纪律观念。通过这一系列作风纪律教育活动，不仅显著提升了城管队伍的组织纪律性和工作作风，还有力增强了依法行政能力和廉政建设水平，为城管工作的规范化、专业化奠定了坚实基础。

三、思考与启示

当前，浦东城管队伍实行的双重管理机制，充分发挥了区执法局在全局规划、统筹协调方面的核心作用，同时也深度挖掘并依托了属地街道的灵活应变与高效执行能力，两者协同合作，可以说共同推动了城市管理工作的深入发展。然而，在浦东全力打造社会主义现代化建设引领区和营商环境综合示范区的大背景下，面对新时代城市治理所呈现的复杂性、多样性特征，以及治理需求和标准持续提高的新常态，这一机制仍面临着一系列挑战与考验。为此，我们必须紧跟时代步伐，不断审视并优化现有的"双管"机制，增强其适应性和运行效能，以更好地满足新时代城市治理的需求。

（一）明确职责边界与工作流程：深化"双管"机制下的协同机制

进一步细化区执法局与街镇在城管基层队伍管理中的职责分工，制定详细的工作清单和流程图，明确各项工作的责任主体、工作程序和时间节点。通过明确职责边界，旨在消除潜在的职责交叉和推诿扯皮现象。

从区级层面加强对区执法局与街镇之间协同工作的监督和指导。建立健全争议解决机制，对于职责不清或存在争议的事项，及时进行协调和裁决，确保管理工作的顺畅进行。通过召开联席会议、开展调研等方式，及时了解并掌握"双管"机制下协同机制的运作情况，并在此基础上进行持续优化。

（二）加强目标管理与绩效考核：构建激励与约束并重的评价体系

建立共同的目标管理体系，将城市管理工作目标分解为具体指标，转化为一系列具体可量化的指标，充分考虑区执法局和街镇的不同职责与优势，明确各方在实现目标过程中的任务和责任,形成上下联动、左右协同的工作格局,共同推动城市管理目标的实现。

同时,完善绩效考核制度,综合考虑执法效果、管理效能、群众满意度等多方面因素,对区执法局和街镇进行全面、客观的考核评价,并将考核结果与资源分配、干部任用等挂钩,激励双方积极履行职责,提高工作效率和质量。

(三)强化干部交流与培养:打造复合型干部队伍

进一步优化"双管"机制下的人才配置和干部培养,加大区执法局与街镇之间干部交流力度,拓宽干部培养渠道,使干部能够在不同的工作环境和挑战中积累丰富的实践经验,拓宽工作视野,增强跨领域、跨层级的工作协调能力。

进一步完善人才选拔机制,确保选拔任用过程的公正性、科学性和有效性。在干部选拔任用过程中,通过设立综合评价体系,除了评估其在执法业务上的专业能力外,更要充分考虑干部在双重管理机制下的工作表现,特别是在沟通协调、团队协作、创新管理等方面的能力,选拔任用既熟悉执法业务又具备良好管理能力的复合型干部,为队伍建设的持续发展提供人才保障。

(四)提升专业化能力的途径:优化人才结构,强化专业培训

首先,秉持"为有源头活水来"的理念,在专招考试这一源头上积极施策,根据城管执法不同岗位的专业需求,科学合理设置专业限制,优先录用相关专业人才,从源头上优化人员结构,提升新录用人员的岗位适配度。在招录过程中,针对部分急需专业人才的岗位,可适当放宽其他条件,吸引更多专业对口人员加入。

其次,突出专业引领,强化人员培训,在构建分层次、多形式、全覆盖、精准化培训体系上多动脑筋,针对不同层级、不同岗位的执法人员,设计差异化的培训课程,全面提升执法队伍的专业素养和执法能力。同时,鼓励和支持执法人员参加外部专业培训和认证考试,拓宽视野,提升专业水平,为浦东的城管综合执法工作提供更加坚实的人才支撑。

附件

关于进一步加强浦东新区城管执法中队干部队伍管理的实施意见

为加快建设高素质专业化城管执法队伍,切实加强城管执法中队干部队伍管理,根据区委干部管理有关规定,结合浦东新区城管执法管理体制特点和干部队伍实际,特制定本实施意见。

一、干部管理原则

1. 整体统筹原则。着眼浦东城管执法队伍长远发展,树立全区一盘棋理念。在全区城管执法系统内,选优配强城管中队主要领导,不断优化城管中队队伍结构。

2. 双重管理原则。城管中队干部队伍实行条块双重管理。相关管委会、各街镇要加强城管中队干部队伍的日常管理、业绩考核;区城管执法局要加强城管中队干部队伍的业务培训、绩效和作风督查。

3. 实绩导向原则。以有利于提升城管执法实效、提高队伍素质为导向,建立健全城管中队干部的培养、选拔、交流制度,不断提升城管中队干部管理水平。

4. 能上能下原则。积极探索,形成能者上、庸者下、劣者汰的选人用人机制。

二、干部日常管理

根据浦东新区"区属街管街用、镇属镇管镇用"城管中队管理体制特点,结合城管执法干部队伍实际,建立健全城管中队干部队伍日常管理制度。

相关管委会、各街镇是城管中队干部队伍日常管理的责任主体。要制定城管中队干部队伍管理制度,加强干部队伍的思想教育、纪律教育、廉政教育,严格干部队伍管理。

区城管执法局是城管中队干部队伍管理的监督主体。要建立健全督查制度,对城管中队干部队伍的履职状况、队风队纪、内务管理等进行常态化督查。

三、干部培养和业务培训

1. 优秀年轻干部培养。要着眼浦东事业发展需要和城管执法队伍的长远发展,注重和加强城管中队优秀年轻干部的选拔和培养。区城管执法局和相关管委会、街镇,要不断完善干部选拔、培养机制,建立优秀年轻干部库。

根据区委统一部署,区委组织部、区城管执法局负责实施正科级干部专项调研,建立近期使用和培养、交流"三个一批"调研对象名单;区城管执法局牵头相关管委会、街镇做好副科级及以下优秀年轻干部的培养、选拔,建立优秀年轻干部名单。

2. 干部业务培训。要加强城管中队干部队伍的业务培训,着力培养与浦东执法体制相适应的综合执法业务能手。

城管中队干部队伍的业务培训,由区城管执法局统一组织实施。区城管执法局负责制定年度业务培训计划,不断优化培训内容,拓展培训方式,增强培训效果。相关管委会、各街镇应给予支持和配合,为干部培训培养创造条件。

四、干部选任和晋级

树立鲜明的选人用人导向,坚持把政治标准放在首位,坚持忠诚干净担当好干部标准,注重基层和实践,大力选拔敢于负责、勇于担当、善于作为、实绩突出的干部。

(一)选任和晋级条件

结合浦东城管执法干部队伍实际,在选拔任用条件上,除符合《党政领导干部选拔任用工作条例》《浦东新区公务员职务与职级并行制度实施方案》规定的条件外,还应具备以下资格:

1. 获得城管执法资格,并具有3年以上城管执法工作经历;

2. 近三年年度考核均为"称职"及以上等次;

3. 通过市、区城管执法系统组织的各类考核和考试。

(二)选任、晋级管理权限和程序

选拔任用干部应当按照《党政领导干部选拔任用工作条例》《浦东新区公务员职务与职级并行制度实施方案》规定的程序执行。

1. 一、二级高级主办的晋升。城管中队一、二级高级主办的晋升,由区城管执法局党组进行动议和酝酿,报区委研究决定。

2. 三、四级高级主办的晋升。城管中队三、四级高级主办的晋升,由区城管执法局党组听取相关管委会、管理局党组和街镇党(工)委意见后提出建议,经区委组织部预审后,由区城管执法局党组牵头组织实施。

具体程序:

(1)区城管执法局党组听取相关管委会、管理局党组和街镇党(工)委意见,提出干部任免建议；

(2) 区城管执法局党组报区委组织部预审；

(3) 区城管执法局党组牵头相关管委会、管理局党组和街镇党（工）委组织推荐、考察；

(4) 区城管执法局党组讨论决定（管委会和街道城管中队）；镇党委讨论决定（镇城管中队）；

(5) 区城管执法局党组报区委组织部备案。

3. 城管中队主要领导干部（中队长、教导员）的选任。相关管委会、街镇城管中队主要领导的选任，由区城管执法局党组与相关管委会、管理局党组和街镇党（工）委会商，在全区城管执法系统内择优选拔。

选拔人员范围：中队主要领导为副处级的，原则上应为正科级调研对象；中队主要领导为正科级的，原则上应为区城管执法局确定的副科级及以下优秀年轻干部。

具体程序：

(1) 区城管执法局党组或相关管委会、管理局党组，街镇党（工）委进行动议和酝酿；

(2) 区城管执法局党组与相关管委会、管理局党组和街镇党（工）委事先征求对方意见，沟通协商一致；区执法局党组报区委组织部预审（中队主要领导为副处级的）；

(3) 区城管执法局党组会相关管委会、管理局党组和街道党工委组织推荐、考察（管委会和街道城管中队）；镇党委组织推荐、考察（镇城管中队）；

(4) 区城管执法局党组讨论决定（管委会和街道城管中队）；镇党委讨论决定（镇城管中队）；

(5) 区城管执法局党组报区公务员局备案（管委会和街道城管中队）；镇党委报区公务员局、区城管执法局备案（镇城管中队）。

4. 城管中队其他领导干部的选任。城管中队其他领导干部的选任，由相关管委会、管理局党组和街镇党（工）委为主组织实施。

具体程序：

(1) 相关管委会、管理局党组和街镇党（工）委进行动议和酝酿，并事先征求区城管执法局党组意见；

(2) 相关管委会、管理局党组和街道党工委组织推荐、考察，报区城管执法

局党组讨论决定(管委会和街道城管中队);镇党委组织推荐、考察,讨论决定(镇城管中队);

(3) 区城管执法局党组报区公务员局备案(管委会和街道城管中队);镇党委报区公务员局、区城管执法局备案(镇城管中队)。

5. 一至四级主办的晋升。各城管中队一级主办、二级主办、三级主办、四级主办的职级职数,由区公务员局会区城管执法局核定。

城管中队一至四级主办的职级晋升,由区城管执法局会同区公务员局制定工作方案,相关管委会、各街镇组织实施。

具体程序:

(1) 区城管执法局会区公务员局制定职级晋升工作方案;

(2) 相关管委会、管理局党组和街道党工委组织推荐、考察,报区城管执法局党组讨论决定(管委会和街道城管中队);镇党委组织推荐、考察,讨论决定(镇城管中队);

(3) 区城管执法局党组报区公务员局备案(管委会和街道城管中队);镇党委报区公务员局、区城管执法局备案(镇城管中队)。

五、干部轮岗和交流

根据区委干部管理有关规定和市城管执法局相关要求,应当有计划、有针对性地在全区城管执法系统内,开展城管中队干部的轮岗和交流。

(一)组织实施

城管中队干部的交流,由区城管执法局统一组织实施。

(二)交流形式

城管中队干部的交流,采取集中交流和平时交流两种形式,以集中交流为主。

1. 集中交流。每5年进行一次集中交流。城管中队主要领导干部(中队长、教导员),在同一中队任职满5年的,应当交流;8年的,必须交流。其他干部,在同一中队工作满8年的,应当交流;满10年的,必须交流。一次集中交流一般不超过中队干部总数的三分之一。

2. 平时交流。结合实际工作、干部培养等需要,对城管中队干部进行适时交流。

(三)交流程序

1. 集中交流。(1)区城管执法局党组制定实施方案;(2)区城管执法局党组征求相关管委会、管理局党组和街镇党(工)委意见;(3)区城管执法局党组研究确定交流人员;(4)区城管执法局党组,相关管委会、管理局党组,街镇党(工)

后 记

在浦东开发开放 35 周年之际,《守正创新 担当有为：浦东城管创新突破之探索与实践》的编辑出版,不仅是对浦东城管近年城市管理领域改革创新的深度探索与总结,更是对未来城市管理综合行政执法工作的规划和展望。我们深知,城市治理的道路依然任重道远,浦东城管将继续秉持"守正创新,担当有为"的职业精神,不断探索超大城市治理的新路径,为浦东新区的高质量发展贡献力量。

本书由浦东新区城市管理综合行政执法局组织编写。局党组书记、局长张立新任主编；副局长奚帼华、邓志华、齐宝华任副主编；邹继华、谢琼、俞立成、金婧等任编写组成员。全书由谢琼、俞立成统稿,邹继华主审,张立新定稿。管燕燕、孙驰迪、顾勃磊、陈盛欢、马永亮、周瑜、刘成杰、周文文、秦超等参与了本书的编撰工作。

回顾编撰历程,从资料收集到大纲完善,从篇章撰写到多次校对修改,每一个环节都凝聚着众多人员的心血。各单位、部门、专班积极配合,提供了丰富的文献资料,涵盖各级发文、制度规章、方案计划、案例实践等,为本书奠定了坚实的写作基础。撰稿人深入研究、精心撰写,力求准确展现浦东城管在综合执法领域的"先行先试"成果。

在编撰过程中,工作组深刻感受到,浦东城管的每一次创新突破,都离不开中央、市、区各级领导的关心与支持,离不开全体城管执法人员的共同努力,更离不开广大市民的理解与配合。正是这些力量的汇聚,才使得浦东城管能够在城市治理的道路上不断前行,取得一个又一个令人瞩目的成绩。

最后，由于时间及编撰水平有限，本书势必会存在不足，敬请读者批评指正。同时，非常期待社会各界对浦东城管综合行政执法工作提出宝贵的意见和建议，浦东城管将矢志不渝地为共同推动城市治理的现代化进程，建设更加美好的城市生活勠力前行。

浦东新区城市管理综合行政执法局

编写组

图书在版编目(CIP)数据

守正创新　担当有为：浦东城管创新突破之探索与实践 / 上海市浦东新区城市管理综合行政执法局编著. -- 上海：上海社会科学院出版社，2025. -- ISBN 978-7-5520-4768-4

Ⅰ. F299.275.13

中国国家版本馆 CIP 数据核字第 2025XN2565 号

守正创新　担当有为：浦东城管创新突破之探索与实践

编　　著：上海市浦东新区城市管理综合行政执法局
责任编辑：王　睿
封面设计：杨晨安
出版发行：上海社会科学院出版社
　　　　　上海顺昌路 622 号　邮编 200025
　　　　　电话总机 021 - 63315947　销售热线 021 - 53063735
　　　　　https://cbs.sass.org.cn　E-mail：sassp@sassp.cn
排　　版：南京展望文化发展有限公司
印　　刷：上海颛辉印刷厂有限公司
开　　本：710 毫米×1010 毫米　1/16
印　　张：11.75
插　　页：8
字　　数：217 千
版　　次：2025 年 6 月第 1 版　2025 年 6 月第 1 次印刷

ISBN 978 - 7 - 5520 - 4768 - 4/F・814　　　　定价：72.00 元

版权所有　翻印必究